亞特蘭提斯的白色光塔

White Beacons OF Atlantis

娜塔莉・西安・葛拉森 著
由前世自我——娜拉・梅林通靈傳訊

周家麒 譯

獻詞——

獻給我的媽媽和爸爸，

感謝你們持續不斷地給我愛的支持。

感謝娜拉與班哲明，

感謝你們以如此個人的方式分享你們一生的經驗。

感謝在亞特蘭提斯與我同在，

並在這一世繼續與我同行的所有形體和能量體靈魂。

你們認識真實的自己。

謝謝你們。

推薦序——

協助人類的明光

娜塔莉．西安．葛拉森是我所認識最慈愛又具有深度的導師、指引者之一。他提出的智慧能夠輕易、簡單地實踐，而且其文字中包含了相當高的振動。最值得一提的是，他謙遜又純樸，我會說，他是極為罕見的存在，總是言行一致。

他指引了我三年多，在我覺醒的過程中提供了極大的幫助。他曾是亞特蘭提斯的女祭司，他在亞特蘭提斯那一世所獲的覺知，結合了他其他生命之流的智慧。過去十年，他每週都能帶來新的訊息與指引。他真的是道明光，來到地球協助人類追尋自己的光芒。

這輩子能結識他、被他指引，真的是種殊榮。我相當推薦所有人透過他已出版的書籍、每週線上訊息，閱讀他的筆法與指引。

瑞．強德蘭 Rae Chandran
靈性書籍作者、國際靈性訊息傳遞大師

目錄

前言——

二〇〇二年，當時我十八歲，那年我發覺自己有透過聲音和文字替靈界通靈傳訊，傳送光、愛和意識的能力。初次透過我的存在將能量帶給我，為我們之間創造了一條持續至今的強大連結的，便是我的指導靈大天使麥可。雖然許多揚昇大師和大天使都跟我分享過祂們的能量印記，並把能量引進日後的工作裡，但就在我剛發覺自己的通靈傳訊能力時，還有另一股強大的能量降臨於我，那是白光天人（Celestial White Beings）的能量。

由於祂們的能量太過強烈，我經常會因為祂們的臨在而感到昏昏欲睡、倦怠，無法保持在有意識的狀態。經過一段時間，我習慣了祂們的振動以後，經常會看到祂們以白色能量體的方式在我住家周圍彈跳。祂們說這只是短暫的拜訪，因為必須先習慣把自己的光速放慢，才能跟我的形體現實建立連結。我的能量也會因為祂們的臨在而處於緊張的狀態。

祂們告訴我的第一件事是，祂們是我的靈魂團體，我和祂們是一體的，我是祂們的意識在地球上的代表。我雖然很高興能與天界的白光存有建立連結，並得知祂們是我的靈魂團體，但內在卻有一股強烈的叛逆和不信任感。我想把祂們推開。雖然我很高興能看到祂們，但我的內在卻生起了一股悲傷的能量。

白光天人說我在地球的這一生，是我在亞特蘭提斯那一世跟祂們共同經驗的延續。實際上，我這一生執著和顯現的許多不需要的能量模式，是延伸自我在亞特蘭提斯那一世的生命，也就是娜拉。娜拉出生前創造的人生目標，因為亞特蘭提斯的沉沒而無法實現，不得不延展至我這一世來實現。

開始通靈傳訊後沒多久，指導靈和白光天人鼓勵我以通靈傳訊的方式寫一本書。事實證明這本書就是我在亞特蘭提斯時期以小說形式寫過的回憶錄。我透過這本書的寫作過程，得以掌握自己的通靈傳訊能力，並與亞特蘭提斯的那一生建立連結。這對我此生的進化和靈性覺醒有著非常重要的影響。我以往認為失落的感覺和經驗、不夠好和不值得的感覺、恐懼和對內在力量缺乏信心，都是我自己的能量；然而，我現在才體會到，那是我在娜拉那一世一直執著未解的能量。

由於初稿過於冗長而無法成書，我在鼓勵下重新改寫，也就是二〇一〇年出版的《十二道光：靈性進階指南》（The Twelve Rays of Light: A Guide to the Spiritual Hierarchy）。那本書出版後，我一直試著要寫娜拉的故事，但總有一些事情從中作梗，讓我裹足不前，以至於遲遲未能著手。如今我才體會到，娜拉的故事不只是一個故事，而是他一生的寫照。娜拉的一生（我的前世）與我的今生以共時性的方式發生，影響了這兩世中許多人的生命。其充滿了各種自然的人類情感和經驗，其中有許多是我必須從我的存在之中釋放和療癒的。

在我著手寫作娜拉的故事以前，我必須與一些橫貫前世與今生的重要人物會面，才能開啟、療癒更多記憶和理解的途徑，讓娜拉有更大的自由表達自己。這些人似乎是在一個神性的時刻走進我的生命，從我們的存在中喚起驚人的反應和理解。我曾經因為與故事裡的人物相遇而有了美妙的經驗。這些經驗也讓娜拉獲得了深刻的療癒。最重要的是，白光天人告訴我（我的內心深處也感受得到），我在通靈傳訊工作坊裡連結上的人物，都是在亞特蘭提斯那一世拜訪過娜拉神殿的親朋好友。這是因為我和白光天人訂過一份契約，要把這些人送回這一世，繼續支持祂們的靈性覺醒之路。我要向你們獻上我的愛、支持和友誼，因為我們是為了神性的目的和回憶而相逢。我對我們之間的連結致上崇敬之意。

我覺得過往幾年來的許多經驗，讓我能與自己娜拉的那個面向一起合作，為雙方創造自由，同時也讓我們更充分地以一體的形式表達自己。我最大的願望是透過這本書讓娜拉有個發聲的管道，分享他關於亞特蘭提斯沉沒的智慧和經驗，因為那個時代仍然影響著人類的能量模式和意識。

我也希望透過這本書，再度向你引介白光天人。根據自己的經驗，我是對亞特蘭提斯沉沒有了更深入的了解，才能更充分地接納白光天人。白光天人的能量在我的現實、通靈傳訊和工作坊中更充分地顯現，以及本書的出版，都讓我證實了這一點。這三個面向——娜拉、白光天人和我——都準備要與你分享，幫助你療癒亞特蘭提斯的前世和今生的現實。

如何使用本書

本書主要是一本練習手冊，其目的是啟迪你自我療癒、覺醒和憶起的過程。它是一條解開你在亞特蘭提斯前世記憶的通道，讓你與內在那等待著從靈魂進入形體現實的智慧和能力寶藏再度結合。這是一個強而有力的重大時刻，去療癒和超越舊循環，並為自己和你在地球上的現實創造嶄新、充滿愛、快樂和覺醒式的觀點——實際上，這是一個顯化和體驗地球之愛的時代。如果你具備了接納、許可與開放的思想和心靈，這本書就會引導你，為你的現實帶來平衡，並協助人類揚昇。

娜拉會在每一個章節裡提醒你憶起亞特蘭提斯的靈魂、內在智慧和個人的記憶，他也會在分享智慧的同時更新你們的連結。這本書讀起來似乎像是一部小說，但它卻是娜拉在亞特蘭提斯時期的現實、經驗之真實記述。你會在每一章的結尾看到一兩則鼓勵你親身經驗娜拉所述的練習。這些練習會引導你療癒或重新連結，並探索你在亞特蘭提斯的自我和那一世的經驗。這些由娜拉帶領的練習非常重要，因為它們要鼓勵你探索自己在亞特蘭提斯和這一世的生命故事。

以你的直覺使用這本書。你也許會感覺自己在引導下從頭到尾地讀完整本書，並在讀完後才執行練習並親身體驗，或者，你也許會想要讀完每一章後就練習，以更多的時間與娜拉一起進化和療癒。如果你決定先略過練習，只讀故事，我鼓勵你先隨著章節把這些練習的內容閱讀一遍，因為你會在存在的許多面向上，為自己創造覺醒與療癒的意圖。直覺才是真正為你引路的光。

書末的〈名詞解釋〉為娜拉提到的詞彙、想法和概念，提供了進一步的探索與了解。你不妨先閱讀〈名詞解釋〉，讓自己熟悉這些觀念，或者在閱讀的過程中隨時翻閱，釐清其意義。

開始練習時，先把每個練習閱讀過幾遍，讓自己熟悉練習裡的每個意圖和過程。你可以每天一兩次，專注、堅定地大聲說出娜拉分享的許多肯定語，好為自己賦予能力。在日常作息中不斷地默念這些肯定語，能夠為你賦能，並支持這些肯定語在你的現實生活中顯化。以自己的聲音錄製這些肯定語，在睡覺或冥想時，甚至在心念無法集中時播放，會重新為你的心念和能量編程，進而鼓勵你輕易地體現這些肯定語。如果你對練習產生抗拒，或感覺過去做過類似的練習，我建議你完成那些讓你抗拒或有過類似經驗的練習。抗拒是一個需要療癒和專注的信號，它通常隱藏著一把讓我們解開內在真相的鑰匙。娜拉的敘述和靈性覺醒練習可能會以強大的力道，汲取你內在需要療癒或釋放的能量，因此很重要的一點是，你要溫柔以待自己，並隨時邀請你的指導團體將療癒的能量帶進你的存在和現實裡。你要知道的是，每一個事件的發生都有其理由，和一個更高層次的目的。如果你確實發現自己在不確定的情況下，被過去的情緒、念頭、心像、觀念或能量衝擊時——無論是你帶給別人的痛苦、親身經歷的痛苦或情緒的釋放——當你需要療癒，或無法確定的心像或能量出現時，請運用書中的練習。

愛永遠是一切問題的答案。這是一個由許多形式的愛組成的故事、旅程。願你享受這一趟旅程！

永遠愛你的娜塔莉

平衡、療癒與扎根大地練習：淨化過往的能量、情緒、思想或心像

深呼吸，增加每一次呼吸的深度，把念頭集中在呼吸上，讓呼吸帶你進入一個放鬆的空間。大聲說出：

我召喚我的天使和指導靈：我的靈魂、大天使拉斐爾與其療癒天使，以及亞特蘭提斯的眾天使。我現在命令並允許深層、絕對的療癒在我存在的所有層面發生，容許我進入一個充滿愛、祥和與清明的空間。我要清除、釋放和抹除所有過去那些不需要、不適當的能量、思想、情緒、心像和執著，讓其影響力在我當前的現實和存在中化為無形。

我被天使的愛裹覆著。我受到大天使麥可的保護，也得到大天使拉斐爾的療癒。大天使薩基爾正向地轉化我的能量，大天使聖德芬則讓我處於扎根大地、平衡的狀態。大天使加百列將溫柔和慈悲與我分享，讓我對準

內在的愛、力量和神聖意識，永遠地接納清明和真理。
我痊癒了。我痊癒了。我痊癒了，這是千真萬確的事。

你也許會想大聲地朗讀以上段落，直到你感覺自己完全地接受，並沐浴於你召喚出的愛及天使純淨的支持裡為止。切記，你的意圖有強大的力量：專注於負能量，就會在你的現實裡將其創造出來；專注於正面的肯定，即使有不確定感，也會讓你創造愛的經驗。你的存在和現實裡只有愛，除非你選擇不相信。不相信就是接納幻相進入你的現實裡。

我也想要跟你分享一個很美的肯定語：

我扎根大地、集中與平衡，我準備要繼續我在地球上充滿喜悅的實相。

第一章　意圖

我是帕洛（Parlo）和瑪蒂娜（Martyna）的獨生女娜拉．梅林（Nara Merlyn）。我在亞特蘭提斯北方的鄉下生活了二十二年。我的父母是我轉世為肉身以前選擇的。為了幫助我得到適當的學習和成長，好支持我在地球上的成年生活和目標，我跟他們的靈魂簽訂了一份神聖的契約。瑪蒂娜生下一個皮膚白皙，容光煥發，有著淡紅色頭髮和灰色眼睛的女嬰。我是在亞特蘭提斯主要城市裡的「靈性進化與真理神殿」的分娩室裡誕生的。瑪蒂娜的身邊環繞著他以真心之愛顯化而成的粉晶。

許多女祭司前來為瑪蒂娜護持能量，散發療癒的振動，消除我們母女可能經歷的所有痛苦和不適。當我完全進入地球的形體界後，女祭司們在我誕生後的寶貴時刻，將我顯化神聖計畫和靈魂智慧的角色注入我的肉體。女祭司在我出生以前就與我的靈魂——存在的本質——有所神交，以確定我轉世的目的，以及我希望憶起的，亞特蘭提斯那一世的智慧。祂們的角色就是從我進入生命的那一刻開始，透過能量將我需要的所有路徑準備好。我的父親一直在場陪伴，以其從存在中散發出來的愛與和平能量，與瑪蒂娜、我合而為一。

我出生後經歷了一場賜福儀式。亞特蘭提斯最進化的存有再度將我的能量跟宇宙和造物主連結，同時也讓我全然地在大地之母的神聖振動內扎根大地。這是我父母享有的特權，因為他們從童年開始就是虔誠地為靈性進化與真理神殿而奉獻的學生。神殿的男女大祭司告訴瑪蒂娜和帕洛，他們要帶一個孩子來人間，以分享他們的靈性智慧，並要他們從亞特蘭提斯中部遷居到北部的鄉村。他們會因為這個原因移居到一個更孤立、祥和的環境，將注意力和愛集中於我的教養上，同時也強化他們與宇宙、造物主之間的連線。他們透過能量與心靈的連結，繼續接受在亞特蘭提斯中央神殿裡授課的靈性導師和療癒師的教導。這種安排讓瑪蒂娜和帕洛欣喜若狂，因為這讓他們得以擺脫神殿嚴苛的例行作息，能夠更充分地探索自然和自己的創造性能量。我的父母都是深受尊重的智者，他們與造物主的真理（所有人內在和周圍都有的創造性本質）深度地連線。

對我來說，被父母親一前一後地抱在懷裡，帶給我生命中第一次強烈的安全感和保障，也在我的內心喚起了深刻的覺醒。我有一種回到家的感覺，因為在我出生以前，我們已經在內在的層面結合為三位一體，每個事件都是我們的合一意識計畫好的。我的出生確認了我們親子三人即將在地球展開的神聖計畫。我之所以能憶起出生時的情景，是因為當時在場的聖者、進化的人們開啟了我的能量和覺識，讓我得以保留、重溫所有的資訊，直到今天依然歷歷在目。

瑪蒂娜和帕洛在家人與神殿成員的支持下，遷往亞特蘭提斯的北部。他們找到一大片適合安身立命的土地，當地人齊心合力運用自己的心念，為我們創建了一個家園。亞特蘭提斯北部鄉村的大自然和精靈都有強大的力量，這讓團體工作以非常輕易的方式進行。他們會在工作前一起冥想，召喚自然精靈來加入他們。他們的身體隨著呼吸的擴散開始放鬆，能量的振動隨之增加，從而進入一個能成就一切的無限合一意識裡。瑪蒂娜和帕洛將理想家園的影像投射進他們的合一意識裡。他們看到一棵高大結實的樹木挺立在面前。接收了樹精的同意後，隨即投射出一棟巨大的圓形木屋影像。木屋是以樹幹和樹枝為中心，分層疊次地建構而成。在場的每一個人都把影像安置在第三眼的焦點之中，就像正在觀看眼前的住家一樣。他們集體啟動了個人的心輪和情緒體，從內部創造一股強大的光與信念之源，把這一股能量引導到第三眼的影像裡。經過一段時間的專注後，一棟半實半虛的房子便在土地上顯化而出。接著，每一個人都召喚自然精靈，使那一股虛實各半的能量固定成地球的物質振動，讓它們和諧一致地振動。在大家持續的專注下，那一棟碩大無比的房子在眾人的眼前顯化為實體。包括瑪蒂娜想像的花草蔬果，也枝繁葉茂地從土裡冒了出來！帕洛和瑪蒂娜特別喜歡這棵大樹。他們覺得這棵樹會永遠保護他們的能量，提醒他們記得大自然的能量如何滋養我們的身體和靈性。

接下來的幾年，許多人絡繹不絕地從亞特蘭提斯中部搬到北部的鄉村，在大自然中建立新的村莊並安居其中。一個新社區便在我們的住家周圍形成。阿姆卡，瑪蒂娜的母親，是一位睿智的女祭司。他為了親近大自然的寧靜和創造力，決定放棄神殿的生活。帕洛的父母漢納和瓦奧萊特也為了更靠近祂們成長的家庭，從亞特蘭提斯中部的南區搬回社區落戶。漢納是麥基洗德神殿（Melchizedek Temple）的大師，平素專注於自我主宰（self-mastery），也辭掉職務，選擇安靜的鄉村生活。這些人一向重視家庭生活，但隨著亞特蘭提斯神殿發生的變化，許多人隱退到鄉下，建立許多以愛為重心的社區，讓所有的居民有機會做自己，並體驗自己的真實。規矩嚴謹的神殿生活失去了吸引力。然而，另一個更深沉的變化正在亞特蘭提斯發生：它的高頻率振動正逐日下降。

看著我們的社區從一個小家庭開始，逐漸發展成一座充滿家庭成員和新朋友的村莊，讓我充滿無比的感激。我每天早上跟著阿姆卡祖母學習超越地球並進入高次元的視覺藝術。我們一起努力提升我的感官、創造力，並維護我的光體、喚醒我的脈輪，以進入我靈魂團體的真實。下午時分，我會跟著祖父學習解碼與身心的修習。我們一起探索心念顯化與運用身體成為光之容器的能力。

我從三歲開始接受訓練，五歲那年，開始接受靈魂團體——白光天人的教導。祂們會在每天傍晚把我的形體現實傳輸到祂們的靜修處，進行一個小時的引導。我會在課程中探索並透過身體各部分及聲音來提高傳遞能量、光和意識的通靈傳訊能力。

早在這些課程展開以前，瑪蒂娜和帕洛就教我學習亞特蘭提斯人、男女大祭司與精靈的語言。他們繼續將金星、天狼星和昴宿星團等恆星和行星的神聖語言與我分享。我長大以後，他們又把宇宙和造物主的宇宙心輪語言教給我。父母教導我淨化自己和水晶的儀式——護身或擴大光的經咒——他們會透過有趣的遊戲，讓我專注於靈魂在地球上開展的更大目標。我總是興致勃勃地跟著他們學習新的智慧或修煉。

我學習功課的每一天，摯友傑達的臨在都會帶給我無比的快樂。我感覺自己跟每一位年齡相仿的同學都有連結，我和傑達因為強烈的靈性教導和彼此內在展現的體悟而結為莫逆之交。隨著靈性知識的不斷擴展，我們會彼此輝映著童稚般的樂趣、喜悅和歡笑。傑達主修的是療癒性音波。他最喜歡的樂器是頌缽，在稚嫩的童年就練就了高度的演奏能力和覺知力。「傑達呀，」大人們常說，「他這一生注定要運用他對聲音的知識和表達力療癒地球和人類。」

傑達有空的時候，會跟我分享他發現的神聖唱誦和音調。我們經常坐在一起唱歌，給任何一個願意聆聽的對象，包括花草樹木和河川溪流在內。我們小時候在野地裡瘋狂地追逐，企圖捕捉精靈。我們最大的願望是在近距離一睹精靈的風采。我們不會玩那些想像出來的遊戲。如彩色光球般飛舞的精靈會鼓勵我們追逐。幸運的是，我們並沒有想捕捉祂們的強烈企圖。隨著年齡的增長，我們想以恭敬心與精靈溝通的願望得到了祂們的許可。我邂逅了我的精靈指導靈風鈴草（Bluebell），至今祂仍然扮演著我的智慧之源，也是我與精靈王國、自然靈和精靈之間的連結。

我九歲那年，阿姆卡、漢納和白光天人告訴父母，說我已經準備好接受女祭司的入會儀式了。這時候，我已經能與白光天人進行有聲的通靈傳訊，並以語言傳達祂們的意識了。祂們聲明需要一座神殿，讓祂們能對亞特蘭提斯人表達並固定其能量，進而協助他們靈性的覺醒，以及亞特蘭提斯人民與造物主的合一。白光天人說祂們一直在訓練我保護、固定和守護祂們的能量，並將其振動與地球融合，讓祂們能在許多能量層面上顯化自己的臨在。這一座白光天人的神殿，有時也被參訪者暱稱為庇護所，就是我要完成女祭司入會儀式的地點。

社區居民集合在一起，透過合一意識和心念的力量顯化聖殿，白光天人任命漢納和傑達負責支持聖殿的開展並進一步開花結果，也支持白光天人的臨在，以及我的女祭司入會儀式。在我適應聖殿守護者和保護者身分的過程中，漢納扮演了那明智指導之光的角色，傑達則在我們探索聖殿日常生活的過程中，持續地為我提供支持和陪伴。由於漢納接受了引導，要協助傑達擔任麥基洗德大師和祭司，傑達也在為自己的入會儀式努力。傑達和我走在靈魂預言的道路，神殿也因此變成了我們神聖的學習空間。

由於女祭司在我誕生時創造的能量路徑，讓我的生命得以在極為輕易的情況下推展。二十二歲那年，我已經出落成一個有著淡紅色長髮、修長的運動家身材，以及豐富靈性理解的亞特蘭提斯成年人。處於這個形體現實階段的我，開始發現我之所以會存在於亞特蘭提斯層面的目的。在靈魂之旅的更大格局裡，亞特蘭提斯的前世是我靈魂探索的真正起始，也會對我的來世產生巨大的影響。

我希望透過分享我亞特蘭提斯前世的洞見，協助你解碼自己在亞特蘭提斯的前世，一方面為你這一生的現實帶來更多的了解和愛，同時也為整個亞特蘭提斯文明創造一個巨大的慈悲和療癒之源。雖然我無法分享在亞特蘭提斯中央神殿生活的直觀性見解，但我能覺知我和家人在亞特蘭提斯的沉沒中扮演了重要的角色——正如我與你分享的。我希望透過分享個人經驗，再度喚醒你內在的亞特蘭提斯能量。許多人目前在地球上經驗的現實，其實是你們亞特蘭提斯前世的延續。這就像是多生多世的等待，只為了這一生能完成於亞特蘭提斯展開的任務。讓我們一起努力，讓在亞特蘭提斯播下的揚昇種子開枝散葉。

娜拉的叮嚀

當我們一起邁上旅程時，重要的是陳述自己的意圖。意圖是你希望在地球上顯化為行動或經驗的，預先設定好的焦點。意圖與目標類似，它是你希望實現的或大或小的目標，或你希望創造出來的計畫。意圖可以來自你的心靈、情緒、欲望、真心或靈魂。從心靈、情緒和欲望中誕生的意圖，也許是短暫又突然的奇想，或一個經驗的結果。這些都沒有彈性，會導致混亂，而非帶來成長。一個來自真心或靈魂，並顯現為想法、感覺的意圖可能會真實又有彈性，適合你在地球上那更大的道路和目標。意圖的彈性象徵著你不會執著於創造的結果，但同時又保持了對目標的專注。

你的靈魂，雖然被賦予很多不同的名稱，但它就是你存有的本質。它是你存有中那個造物主的諸多面向之一。從靈魂或直覺裡流露出的智慧或靈感，其真正的目的是要以你形體和靈性現實中的準確度帶領你向前邁進。如果你有一個會創造至樂、無限和廣闊感的意圖，你就可以肯定它是從靈魂裡誕生的。一旦你能掌握住自己的意圖，無論是下週、下個月或明年，你就已經開始在直覺的現實裡顯化這個意圖了。透過想像它當前的顯化，把焦點、能量和熱情注入意圖裡，就是在容許自己充分地經驗它。隨時在心靈裡保持一個焦點，注入你的希望、信念和內在的確認，就能協助你加速對自己和造物主的了解，並喚醒你顯化的能力。

我的意圖是喚醒你心靈中的亞特蘭提斯自我，療癒我們在亞特蘭提斯的過往，幫助你重新取得亞特蘭提斯的知識和技能，並把那已完成和經加速的揚昇，帶入你在地球當前的現實和觀點裡。你會容許我實現我的意圖嗎？

我與你分享的這個肯定語，能讓你在日常生活中運用它來激發意圖：

我認知我是已痊癒的亞特蘭提斯自我。我讓我身為亞特蘭提斯人的技能和智慧，與我的存有合為一體。

重要的是，你要創造並向我陳述你的意圖，我才能以能量的方式跟你合作，協助意圖顯化。也許你希望把療癒帶進生活的某一個領域，或一個希望體驗的情境，或一種希望獲得的能力。你也可能想要憶起你的亞特蘭提斯自我，或者想汲取被亞特蘭提斯珍藏，但已失落的神聖智慧。花點時間冥想，發展你創造意圖的能力。

練習一：創造你的意圖

把這本書放在面前。背部挺直，坐著，雙手放在大腿上，手掌朝上。把注意力集中在呼吸上，盡可能地讓身體放鬆。

深吸一口氣，把空氣吸進胃裡。呼氣，一直到把所有的空氣釋放出來為止。連續三次。

把焦點集中在胸部中央的心輪上。

舒服地呼吸，想像你把空氣和白光吸入，並通過你的心輪，懷著同樣的意圖呼氣。這個練習會喚醒並療癒你的心輪。重要的是，以五分鐘的時間，練習讓呼吸通過你的心輪，直到你感覺那很自然。

繼續透過心輪呼吸，把右手放在書本上，左手放在心臟的部位。

大聲說：「我現在容許靈魂的意圖升起。」

耐心等待，讓意圖、目的和目標從內心升起並進入心靈，好讓你得以理解。重要的是擺脫懷疑，接納在心靈裡形成的意圖。把意圖寫在一張紙上，跟這本書放在一起。運用時間為自己創造一個肯定語，聲明你已經在經驗這個意圖。

練習二：與娜拉連結

大聲說出：

摯愛的大天使麥可與大天使費絲，我召喚祢們以保護和愛看管我的冥想。

先讓呼吸通過你的心輪，直到你的身心都感到放鬆為止。大聲說出：

我敞開自己，如同那來自心輪的自我存有之真理，並與它同在。

想像心輪釋放出一束強大的光。大聲說出：

娜拉・梅林，我召喚你神聖的引導和充滿愛的支持。以你正面、智慧的亞特蘭提斯之光包圍我。我向與你之間那正面又充滿愛的連結敞開自己。

我會在你的心輪前放置一顆代表我靈魂之光的純白珍珠光球。吸氣時，把珍珠光球吸入你的心輪中心。

我會在你眉間的第三眼前，再放置一顆代表我靈魂之光的純白珍珠光球。吸氣時，把珍珠光球吸入你的第三眼中心。

我站在你面前，握著你的雙手，把能量、愛和智慧傳導進你的存有裡。我的光正沿著你的手臂流入你的真心裡。

繼續透過心輪呼吸，知道我們正在共同創造永恆的連結，而且我跟你分享著此刻所需的療癒。

照你希望的時間長度，經驗我們合一的能量，接著，從脊椎底部的海底輪，將能量傳送進大地，讓你再度扎根大地，並處於存有的中心。

要知道，當你在冥想中感覺、感知或承認我的能量時，就能要求我分享智慧、表達療癒，或喚醒你存有中的能量。在你感覺自己被引導時，就能經常體驗到這兩種冥想練習。

第二章　白光天人的神殿

許多年前，我在指導靈、白光天人和家人的協助下，建立了一座神殿。完工後的神殿巍然矗立，擔任著純意識存有的強大錨定點，也是亞特蘭提斯居民重要的支持來源。神殿的顯化能協助許多被造物主的意旨所引導的目的。建造神殿的主要原因是為了容納光和智慧，並固定白光天人的臨在。

白光天人團體是存在於造物主多重宇宙層面的完整靈魂團體。我，娜拉，是這個團體的一分子。祂們的靈魂像造物主宇宙中的一顆恆星。恆星上有靜修處、密室，和一個用於療癒、靈性覺醒，以及與造物主靈魂進行深度連結的雄偉大廳。白光天人的能量在一百四十四個次元之中的第十四個次元振動著。這意味著祂們的能量波動速度太快，很難固定在地球慢節奏的振動裡。

白光天人是因為祂們純淨的白色能量而得名。祂們沒有個別的姓名或肉身，單純以白光的形式存在。當祂們在造物主宇宙內的其他恆星、行星和次元，進行廣泛的時空之旅時，收集到了大量知識，祂們想與造物主的其他面向分享。白光天人能以合一的靈魂或數以千計的光體出現，但實際上，祂們卻是支持地球靈性進化的單一光源。

在我以娜拉之身出生以前，我被選為白光天人在地球上的代表，並以肉身存在，幫助這些莊嚴的存有固定於地球的頻率裡。白光天人的能量始終與地球有關。祂們給予能量、意圖和造物主的其他面向，以促進地球原初的顯化。祂們憑著我建造的神殿以及與白光天人核心靈魂的連結，得以錨定於地球上，好引導、啟發和療癒許多人。

我是白光天人源頭的一個面向，但我尚未完全接受我的振動、本質與祂們相同的事實。接納個人的靈魂團體需要耐心、連結和虔敬心。想找到引發合一理解的紐帶或連結，需要探索已在你靈魂和靈魂團體內顯化的能量。地球的局限會鼓勵我們把自己視為形體，而不是一個廣闊、莊嚴的光源。透過每天整合白光天人能量，我得以在自己的存有中認知祂們的本質，進而讓我以白光天人的身分，使我在地球上的意識覺醒穩定綻放。

我之所以要具現神殿的另一個原因，是要放置一顆非常神聖的水晶——新的陰性水晶——以穩定亞特蘭提斯的能量振動，並儲存智慧。這個鑲在神殿圓頂上的水晶，是一顆雙尖造型的白水晶。每當白光天人把能量固定在神殿裡，祂們都會透過這一顆白水晶，來啟動、淨化，並為其蓄能，讓它得以繼續在亞特蘭提斯的大地散發光。這顆水晶還有一個固定在亞特蘭提斯南部的陽性孿晶。這兩顆水晶是六組孿晶的其中一組，是由居住在亞特蘭提斯主要城市的男女大祭司創造而出。

亞特蘭提斯的男女大祭司已經預見了亞特蘭提斯正在逐漸下降的振動。剩餘的水晶都被安放在地球的其他區域，是協助亞特蘭提斯人必要時飛來地球的導航器，同時也為後代保存亞特蘭提斯的文明。身為亞特蘭提斯陰性水晶的守護者，我感到與有榮焉，雖然我知道白光天人才是其真正的守護者。

有一天，我和雅各——我最純真的朋友之一——一起前往神殿。雖然牠只是存在於地球上的一匹馬，但從牠的靈魂散發出的愛和啟蒙，總會帶給我心靈上的祥和。那一天，我舒適地坐在雅各的背上，任憑牠健壯的四條腿快速地穿過雄偉的樹蔭。牠躍入一片碧綠的草地，酷熱的烈日照映在我們身上。雅各背著我，在陡峭的地形上繼續往前慢跑，但牠的馬蹄卻始終維持著恆定的節奏。

我仰起頭，釋放自由和至樂感在體內激起的興奮之情。當我們抵達一座最陡峭的山坡時，雅各的呼吸越來越沉重，但想抵達山頂的決心卻驅使著牠繼續往前邁進。我們抵達北亞特蘭提斯海岸線，一棟純白、有圓頂的環形建築物映入眼簾。返回聖殿時，雅各逗趣又高興地甩著頭。牠放慢腳步小跑，繞著神殿盤旋幾圈，好像在確認我們到達了目的地。

我輕輕地從雅各的背上滑下，緊抓著牠灰色的鬃毛，以穩住自己。我親切地拍拍牠閃亮的毛皮，鼓勵牠跟著我前往神殿後面的懸崖邊。我盡可能地靠近崖邊坐下，感覺雅各小心翼翼地站在身後。我們一起眺望大海，吸進充滿鹹味的新鮮空氣，淨化我們的磁場。藍綠色的海面風平浪靜。這是我最喜歡冥想的地方之一，從小就常來這裡。我總是著迷於大海氣勢磅礴的臨在——有時讓我充滿活力，有時又在它的影響下變得柔順服貼。但今天，大海卻無法吸引我，因為我的思緒都縈繞在身後那一匹高大的灰馬身上。我感覺雅各很快就要離開我和地球了。

這兩年來，雅各一直是我美好的伴侶。我當初是因為看到牠在神殿附近蹓躂，才會跟牠結為朋友。此後，牠會定期返回神殿，甚至會以心電感應的方式跟我溝通。我曾經有過幾次機會，引導牠進神殿接受療癒。

我知道雅各很快就會揚昇。牠會離開肉身，以純白之光的形式存在，變成一隻獨角獸。我聽說亞特蘭提斯有許多馬，因為肉身裡成就了大量的光而揚昇，成為造物主宇宙內層或造物主宇宙次元內的獨角獸。我初識雅各的那一天開始，就已經成為牠揚昇的一部分了。從那個時候開始，我就幫助牠汲取內在的光、吸收更多的生命能量，好加速牠的能量振動。

我轉頭仰視雅各，覺察到牠眉間第三眼的脈輪，冒出一隻由能量匯聚而成的犄角。

那角是一道來自靈魂，並透過第三眼顯化而成的螺旋光束。它能強化存有的顯化能力、創造魔法，並能以極其清明的方式透視不同的次元。雅各和我已經透過探索牠執著的能量、思想和記憶，化解了牠被遺棄的議題，我知道牠很快就會準備返回內在的層面。

「雅各」，我叫牠，一面從口袋裡拿出一顆散發出黃金色澤的心型水晶，「我知道你很快就要離開了，所以我想把這顆水晶送給你，感謝你帶給我的友誼。你要我把它編進你的鬃毛裡嗎？」

雅各的眼神穿透了我的內在。「我很快就要回家，離開實體的大地了。我已經準備好要在內在層面擔任你的指導靈，娜拉。我每天都會陪著你一起走，進入支持你地球生命的指導靈團體。這是我莫大的榮幸；我在靈性進化上的嶄新部分正待展開。我會更接近你和造物主，更充分地認知我的技巧和能力。當我嚥下在地球上的最後一口氣，不要為我的離開悲傷，因為我得到的遠超過在這裡能體驗到的。我還有一點時間。謝謝你送給我的水晶之心，娜拉。」

雅各的話語從我心裡淡去，牠將其能量之角往下靠近我手上的水晶。牠專注地吸一口氣後又吐出，並從水晶裡傳送一束光，直接進入我的第三眼。我的心念瞬間轉向內在。能量在我的心念裡形成一個水晶，散發出來的光清洗了我現在、過去和未來的每一個念頭。我的心放鬆下來，彷彿終於鬆了一口氣。我對雅各的哀傷解除了，留下來的是一股至樂感。水晶的臨在強化了我的覺識，我們在合一中相處了很長一段時間。

「娜拉，我已經把內在所有愛的特質和念頭都固定在你的心念裡了。如此一來，你會永遠與我的意識和靈魂連結在一起。」雅各慈愛的話語輕輕地飄進了我的心念。

「謝謝你」，那是我唯一能回報的。正當我在整理這個經驗時，我感覺雅各逐漸地退開。我探索著浩瀚的心靈境界，毫無知覺時光正在流逝。

我準備離開，站起身，轉身面向神殿。我繞了一圈，走到殿前，開門迎向沐浴在陽光下的燦爛白色房間。我很驚訝地發現神殿裡居然空無一人。通常，我會看到有人背靠著神殿彎曲的牆壁，進入深度冥想，並與白光天人或造物主連結。雖然來自大城的人數減少了，但仍然有許多人會來這裡與陰性水晶連結。這或許是因為祂們聽說與陰性水晶連結的療癒效果，或因為聽說白光天人會協助祂們的療癒和揚昇吧。亞特蘭提斯主神殿的男女大祭司，經常鼓勵祂們的學生造訪我的神殿，因為祂們崇敬白光天人散發的智慧。神殿所在的位置意味著這是個有賞心悅目的綠色大自然圍繞，以及不斷被鹹濕海洋空氣淨化和保護的聖地。

雖然我的心念縈繞著雅各那象徵友誼與靈魂連結，並固定於其靈魂之中的金光贈禮，但我也迫切地想坐下來接受白光天人的能量。

「親愛的白光天人，我向你們敞開我的氣脈和意識。請求你們下降到神殿，讓我們在連結中合為一體。」我的聲音強有力地迴盪在圓頂天花板上。

我頭頂上那一顆巨大的石英晶體開始振動，傳送一波又一波的能量，穿過白色的石牆，進入亞特蘭提斯的土壤。我的呼吸極度地擴張，心念也隨著呼吸輕柔的韻律遠傳。我的覺識從身體和我所在的房間轉移，我覺察到聚集在半透明光環裡的白光天人。祂們碩大的光體，輕輕地冒出，散發出至樂之愛的影像，並滲入了我的心靈。白光天人抵達了！祂們的光流進我存有的每一個脈輪，並以祂們的意識充滿我。

「娜拉·梅林，我們希望透過你的存有，將能量固定在亞特蘭提斯的大地，以支持、增加這裡的能量振動。」白光天人懷著愛與我分享。

我完全了解祂們的要求，因為我跟白光天人有十七年密切合作的經驗。我雖然很熟悉祂們的振動，但總是能在連結時得到啟發。我把啟動的念頭，傳送進鑲在神殿地板上的八顆透明水晶尖端，其大如人身，露出半面。水晶的尖端面朝著神殿之外，形成一個星狀的通道，其擴大了光線，再投射到亞特蘭提斯海陸兩界的四面八方。水晶回應了我的念頭，神殿的地板開始跟著一起顫動。

我變換呼吸的模式，開始吸氣，並專注地把光往下引導，讓它通過頂輪，進入我的心輪。呼氣時，我把白光吸進存有和磁場裡的每一個細胞和分子裡。我再度吸氣，把光導向頂輪，再沿著脊椎往下，進入腳下那個被稱為大地之星的脈輪。呼氣時，我想像光流進八顆水晶，再傳送給亞特蘭提斯的大地和居民。在重複這個專注模式的同時，我能覺知到白光天人固定於我的大地之星脈輪裡的光和意識所創造出來的力量。這個力量進入地球的物理振動，並在物理現實裡變得真實、臨在，允許所有的能量顯化。

感覺只坐了幾分鐘的時間，實際上卻是幾個小時。我坐著轉移我的意識和覺知，達到與白光天人更深度的靈交，並以合一且浩瀚的知識體驗滋養我的靈魂。我的身體洋溢著光，彷彿我正凌空飄浮在白色的雲朵裡。白光天人透過我努力扮演固定的角色，並得以與亞特蘭提斯的許多人連結，為祂們提供引導、智慧、啟發、療癒和內在力量。在大天使的支持下，祂們能夠在地球的結構和振動中達成能量的轉換。我始終都很享受這些地球療癒和轉換的時刻，因為我能真正體驗到白光天人和大天使之間對亞特蘭提斯居民那完整無缺的愛之連結。

我與亞特蘭提斯居民合一的體驗增加了。他們似乎覺察到正在散發的光，並敞開自己接納它。大天使麥可與其所顯化的陰性分身——大天使費絲，也會在那種時刻接近我，以支持我。大天使麥可是我的主要指導靈，負責看管我的脈輪、靈性教育和保護。

看著祂率領大天使們以智慧和光穿針引線，在地球的能量振動中交織成一片光毯的過程，總會讓我瞠目結舌。大天使們完成的光毯，使人類能吸收必要的理解，以便在地球上建立造物主的神聖計畫。

感激和大功告成的印象，滲入我的心靈，象徵著療癒和能量轉移課程的結束。我開始吸氣，從大地裡吸取能量。我吐氣將自己的存有之光傳送入大地，也是一種讓自己在物理現實中扎根大地的練習。

「我們希望啟發你的心靈，讓智慧充滿你的靈魂。」白光天人將祂們的意識與我的心靈融合為一。「想像你心中淡粉色的玫瑰，正如我們之前教過的，以開放與無限的方式擴展、分享愛。娜拉，允許自己有意識地接受我們的指導。想像當我們的能量進入那朵玫瑰的同時，也啟動了花蕾的智慧。你以這個方式，讓自己的靈魂始終處於接納和提供的過程中。我感覺真心彷彿就要隨著強烈的愛而爆炸。

「在愛的臨在下，」白光天人指示，「我們希望跟你分享的是，亞特蘭提斯的振動正在持續地下降。我們和地球上的許多光之存有和內在層面，正在向地球傳送大量的光，支持你們意識、體悟正在發生的事。你可能已經注意到我們一直在要求你們把更多的光和意識固定在地球上。我們真的希望在一條道路展開以前，喚醒人類去理解真相。這條道路會透過讓地球的後代與文明置身於混亂、挑戰和恐懼的形式，讓學習和靈性成長發生。亞特蘭提斯的人們被要求消除前兩個文明創造的恐懼、分離和內在混亂的能量模式。現在是時候要消除你們創造的業力模式了，以免你們來世重蹈覆轍。你這一生的意圖和選擇決定了來世的生命經驗。除非你以主動和有意識的方式，選擇釋放、放下能量上的習慣和模式，把注意力轉移到創造更高振動的新意圖上，否則你就會一直創造業力模式。」

我思考著是否有運用必須的奉獻態度，評估自己的業力模式和恐懼習慣，白光天人的這番話在我心中激起了一股內疚和自省。白光天人繼續透過我傳導的光流，排除了我的念頭。

「我們要提醒你的是，你的父母在你出生以前，就在亞特蘭提斯中央經驗過恐懼、操縱和壓迫。他們被引導來這裡建立家庭和社區的目的，是為了擺脫日益增長的能量限制，以便在許多人的內在維持強大的造物主之光，作為一股強大的療癒勢能。由於這股光是在亞特蘭提斯郊區和鄉村創造的，因此它很容易被大自然放大，進而創造一股平衡的療癒力，並相對地療癒日益增長的壓制之力。隨著許多人內在造物主之光的茁壯，因此能在負面的迷霧中編織一股強大的勢能，再度啟發、喚醒人類的真心和靈魂，讓祂們認識造物主的真理。」

我的心海裡充滿了強光構成的心像，眉頭因為第三眼和心智努力解碼影像的含義而皺起。從白光天人下載到我心智中的意識，透過我快速的聲音表達而出。

「在亞特蘭提斯某些中央神殿裡的男女大祭司純淨和充滿愛的意圖，如今已黯然失色，反而接受著進入地球大氣層的負面、控制性振動。這些振動是來自宇宙和地球上被誤導的靈魂，他們捨棄了與造物主、社區、愛和神性連結的合一，而選擇分離和科技的發展。」

「許多人因為自認為比指導靈和靈魂優越，因而造成了小我增長，只因貪求權力而行動。現在是所有亞特蘭提斯人放下物質經驗、物質、科技和貪婪，為真理、和平與療癒創造空間的時候了。我們只能分享我們的光之振動，好打開他人的心扉，就如同溫柔的粉紅玫瑰向陽光綻放其自身。但恐懼的影響和經驗已掌控了某些亞特蘭提斯人。要求每一個人去選擇的機會很快就會出現，進而影響造物主靈魂在地球的進化。」

「娜拉，切記，你和人類為了促進造物主、宇宙和一切萬有的進化，正在積極地經驗。你們每一個人都是造物主的一個面向。為了真理的合一、體悟和廣泛的覺知，你們以造物主謙卑、充滿愛的振動行走於世間。造物主的源頭也會因為你們內在圓滿的豐盛和高頻率振動而充滿能量。你們現在成就的一切都是為了一個更高層次的目的，要創造一個更豐富的生命，這往往超出你能理解的範圍。現在是時候回歸內在源頭與生命的豐盛了，而不是在沒有啟動內在核心的情況下，在存有和現實的兩極創造豐盛。這只會造成振動下降和心智混亂。無論你是存在於地球、內在層面或造物主的中央心輪，這都會自然地使你與造物主的恆常之流分離。」

「娜拉，處於造物主的能量之流裡，就是無時無刻地與造物主共同進行創造。把自己隔離，或有意識地切斷與永恆之流的連結，就是讓自己和靈魂挨餓，造成痛苦和苦難。我們現在與你分享的光，就是要喚醒亞特蘭提斯人有意識地體悟自身的行為，以便做出內在的決定。亞特蘭提斯人會選擇以種子的形式，存在於內心的愛與合一裡，或選擇外在世界的恐懼、分離和日新月異的科技？親愛的地球靈魂們，我們已經有多次處於這個關頭的經驗了。我們要求你們回歸一體之中。」

白光天人的懇求在空氣裡迴盪，我感覺神殿的能量隨著那宏觀的愛之光塔撤回其能量而轉換。我回到了那有著堅硬、冰冷大理石地板的白色神殿之現實裡。

在身體內外蔓延的能量讓我在欣喜中顫動，我咀嚼著白光天人的這番話。這個我聽過多次的訊息是在警告人類——我體會到這也包括我自己——我們的選擇和創造，以及我們如何影響所有形式的現實。對我來說，恐懼、壓迫和操縱的現實，似乎不是不可能的事。然而，我從未造訪過亞特蘭提斯的其他地區。我在生活中經驗的是一個充滿喜悅、愛、分享和鼓勵的社區。社區和合一對我們相當重要，也是每一個人靈性覺醒的基礎，尤其是我自己。我們以社區為單位顯化了許多事物，包括我現在住的美麗神殿在內。

來自亞特蘭提斯四面八方的人，經常會來參訪這座神殿，分享與製造機器和控制設備有關的故事，或許多深陷於恐懼而無法擺脫的故事。有人傳說亞特蘭提斯能量矩陣裡的水晶，蓄積了足以耗盡所有靈魂之光的負面意識和黑暗魔法。我認為相信這些故事就是在共同創造它們在地球上的存在，因此，我選擇把亞特蘭提斯視為一座所有人都可以充分使用和體驗的愛之光塔。也許有人會認為我太天真，但信念或觀點是影響地球整個現實的強大工具，我選擇堅守自己的力量。

身為一個每天都在學習和進化的女祭司，我選擇以愛為力量。我用以發揮力量的工具，就是在指導靈和靈魂的支持和忠告下，選擇行動、思想和現實的能力。你相信自己有透過選擇和採取行動的能力，發揮愛之力量的自由嗎？

娜拉的叮嚀

當指導靈和直覺針對你的現實，或針對地球的某些情況提出警告和建議時，你要堅守自己的力量。你需要處於存有的中心，專注地扮演愛之光塔及有意識地展現愛的角色。堅守你的力量並選擇以愛為力量，就會營造出一個神聖的空間，讓任何所需之物，都能在平衡和清明之中創造出來。接著，你就會有力量以選擇為工具，發揮力量，根據內在的真理和本質來取捨。

只要是來自內在的理解，而非小我的信念，就沒有人能禁止你與指導靈平起平坐。指導靈的能量和忠告具有一定程度的重要性，因為祂們現在就能看到更寬廣的所有機會，而那是你可運用的。

你必須在希望創造的事物、引導，以及在現實和身為地球代表所需要採取的行動之間找到一個平衡點。接著，你就能輕鬆自在地遊走於現實，進而了解可能分散注意力和降低振動的路徑，並考慮那個會帶來更巨大進化的路徑。遵循指導靈分享的智慧、你內在啟動的智慧，始終都是可以運用的工具，因為那會促進心智和真心的清明，容許一條輕易的道路展開。你和身邊的人越是進化，就越有必要堅守自己的能量，並遵循造物主展現出來的所有面向，你就不會受到別人的臨在和信念的影響，除非你選擇要這麼做。

我心裡懷著這個意識，希望協助你建立與白光天人之間的連結。祂們最大的能力是淨化、療癒和剝除你內在存有中不需要的能量和非真理，鼓勵你看見自己和源頭的美麗本質。白光天人就像一股清新的空氣，祂們能提升你的能量振動，把光傾注入你的存有之中，在許多層面上帶來更大的啟發和教化。祂們的能量震動是多元宇宙和宇宙層次的，類似造物主的至樂特質。

當存有的所有能量體和面向都達到至樂時，我們就會與造物主完全合一。與造物主或萬有合一是揚昇的終極目標，因為它象徵著你永遠存在於廣闊的造物主之流和能量裡，汲取所有能為別人服務的能力和技能。

練習三：與白光天人連結

你可能想在冥想或安靜的時候，將白光天人的能量召喚到身邊。祂們的能量可能極為強烈，導致昏沉，或能量在身體裡流竄。每個人經驗白光天人能量的方式都不一樣，因為祂們會為了進一步喚醒你對真理的覺知，而以獨特的方式與你的靈魂一起進行必要的內在轉換。召喚白光天人時，重要的是要保留空間和時間，讓祂們的光在需要的時刻跟你一起運作。

Om Na（我是至樂）這個美麗的心咒，能讓你的整個存有對準白光天人的振動。以五至十五分鐘的時間重複默念「Om Na，我是至樂」[1]，或在冥想時念出聲，是一個很棒的練習。這是一種召喚白光天人與你密切合作的聲波，祂們會將至樂的振動傾注入你的存有，從你的內在啟動至樂的經驗。在日常生活中默念「Om Na，我是至樂」經咒，會提高能量場中的至樂品質，同時讓造物主的某個面向有所發展，也就是你與白光天人的連結。

練習四：象徵給與受的淡粉色玫瑰

平靜地坐著，專注於放鬆身體，默默地跟隨呼吸的節奏。

想像你胸部中央的心輪裡有一朵淡粉色的玫瑰。

容許自己觀察或感知那一朵玫瑰，注意玫瑰如何充滿了能量。目睹它的光和花瓣如何隨著呼氣擴展，又如何隨著吸氣得到滋養和充滿能量。

玫瑰象徵著你有能力以開放和無限的方式分享愛，同時又有意識地接納內在啟動的引導，或者當引導流入玫瑰時，有意識地接納它，從而支持你對內在力量

1　編註：Om Na 發音近似「嗡納」。

的認知。大聲說出：

我召喚大天使麥可保護、看管我與白光天人的連結。我召喚白光天人充滿愛地靠近我，以祢們充滿至樂的光完全擁抱我。請與我的靈魂攜手並肩，為更大的療癒、靈性的覺醒、真理的臨在、我的能量振動而努力。此刻，我請求祢們以任何在神性上有益於我的方式協助我。我敞開心扉接納並表達造物主。謝謝祢。

想像一道純白的光，從四面八方流入你心輪玫瑰的深處。容許自己有意識地接納白光天人想要分享的任何引導或療癒。在接收能量的同時，啟動玫瑰花蕊中的智慧。以這個方式讓自己的靈魂始終處於接受和給予的過程。

依你希望的時間長度和頻率，坐著並與白光天人連結。你們的連結會因為你的耐心而逐步發展。

第三章　在合一中自我探索

我在溫煦的夜風中從神殿出發，輕快地走了一段坡道，抵達了父母的家。這些年來，隨著社區的發展，他們的樹屋周圍已經被許多房屋圍繞。今晚，一場特別的聚會就要在這個中心點舉行。皎潔的月光照著我們樸實無華的社區，象徵這是一場慶祝滿月的聚會。當我們群聚在花園中歡慶並與連結合一的焦點連結，活動、聲音和能量，在樹屋後裡交織成片。對我們來說，滿月意味著在現實和存有中的一次新能量循環。我們歡慶著釋放舊有能量，並接納宇宙賜福於我們的更高振動之嶄新光芒。我們認知月亮是圓滿、完整與合一的象徵，因此在滿月時聚集，會幫助我們建立與造物主和彼此之間的連結。我們的能量會在此時得到強化並變得更敏銳，因而更深入內在的造物主面向。

帕洛始終都是滿月慶典的主辦人。他發現滿月慶典很容易與每一個在場的靈魂連結，激發一股舒適的感覺，讓那個空間更充分地擴展人們的心輪。個性外向的他，臉上總是掛著燦爛的笑容，鼓勵在場的所有人透過真心合一，當他們沐浴在月光下，巨大的療癒和內心的覺醒就會發生。

我拐個彎，走進花園，一陣溫暖的笑聲和喜悅迎面而來。我比預期的時間晚到，這裡已經聚集了一百多人吃吃喝喝，在盡情的歡笑中分享他們美麗的故事。

「親愛的娜拉，我美麗的女兒，歡迎你來參加心之覺醒與造物主的光浴之夜！」帕洛以他那一視同仁的愛招呼我。他敞開真心表達並接納宇宙豐盛的供應。

「你今晚好嗎，帕洛？」我溫暖地笑著問道。

「好，很好！我很興奮，因為傑達答應今晚要舉辦一場音療，吸引了許多新朋友來參加。」

帕洛精神奕奕；滿月是他最喜歡的夜晚。他喜歡滿月慶典，也喜歡為慶典張羅。花園裡擺滿了桌椅、坐墊、蠟燭、水晶，以及交織在樹枝間光彩奪目的絲帶。我特別喜歡看父親迎接客人時的景象。

我巡視聚會，尋找熟悉的臉孔。泰德和瑪麗最先引起我的注意。泰德和我母親是手足，長得一模一樣，都留著紅色的短捲髮、白皮膚和紅潤的嘴唇。泰德的個子遠高出瑪麗，在社區中算是高個子的瑪麗，站在他身邊也顯得嬌小。瑪麗往往給人怯懦的感覺，但他寧靜又無比平靜的神情，卻把他平淡無奇的五官襯托得嬌滴美麗。泰德和母親一樣，曾經是亞特蘭提斯中央神殿的成員。他跟隨我母親遷居到鄉下這個更大的聖地，因而結識了瑪麗。瑪麗遵循靈魂的指引，從南亞特蘭提斯出發，一路尋找今生的靈魂伴侶。他有一顆堅強睿智的心，引導他找到一個可以讓神聖計畫開展的地方。泰德和瑪麗是在整個社區和造物主的見證下，在白光天人的聖殿裡結為連理的。

我在花園的盡頭看到祖母阿姆卡。他興致勃勃地跟一位身材高大的年輕人說話，他那一頭灰髮，過去曾經像他的子女一樣火紅，擺動在嬌小的身軀上。八十七歲的阿姆卡依然保持著四十來歲的體力。雖然那位年輕男子正全神貫注地聆聽他的開導，但我還是情不自禁地跑過去跟他打招呼。我有一段時間沒見到阿姆卡祖母了，因為他一直忙著輔導社區的孩子。他背對著我，我輕輕地把手搭在他的右肩上。他轉過身，等著我把他擁入懷裡，我的心裡充滿了喜悅。我輕輕地推開他，凝視著他睿智的灰色眼珠，感受著他流淌而來的愛。

「娜拉，這位是班哲明。他來這裡跟我同住一段時間，因為他感覺自己受到指引，要來吸收我的知識。」阿姆卡抬起頭，深情地望著跟他談話的年輕男子。他似乎能清楚地看到年輕男子的命運，也為了自己即將在其中扮演的角色而感到喜悅。

我把視線從祖母身上移開，端詳著眼前的男子。他淡藍色的眼睛，吸引了彷彿正在窺探他靈魂深處的我。我看到的是無比純淨、美麗的白光，就像不斷湧動的海洋一般。班哲明身材壯碩，棕色的長髮整齊俐落地綁在腦後。他像阿姆卡一樣，給了我會心的微笑，這讓我立刻有一種自在感，腦海裡充滿了好奇的問題。帕洛突如其來地發言，打斷了我與阿姆卡和班哲明進一步的交談。

我轉過身看到傑達英俊、黝黑的臉孔在人群中綻放著笑容。人們很快走進一個看來很完美的空間裡，享受晚間節目。傑達盤腿坐在場子中央。微風吹拂他的金髮，在他壯碩的肩膀上飄動。傑達身材高大壯碩，他的心地和散發出來的能量振動卻溫柔、美麗，又充滿了愛。無論身邊或內心發生什麼，他總是顯得那麼從容自在。他心裡無時無刻地散發著一股強而有力的純真。一身純白長袍的他，以能量振動連結著環繞他的五個白色水晶缽，投射出一股寧靜。傑達對準著水晶頌缽的振動，寧靜地在人群裡穿梭，透過他的氣脈和心輪傳送給所有願意接收的人。

我很快找到一個空間，我的心因為傑達單純的臨在而敞開。我的心在如此強烈和純淨的連結下傳送著珍珠白光，回應著他所散發的愛。

「我傳送著神聖的祝福給你，傑達。」我的心電感應立刻感受到他充滿愛的回應。「親愛的娜拉，今晚你在我的心中。」他以心電感應的方式回答。

我閉上眼，瞥見傑達舉起木棒，開始分享水晶頌缽的振動。傑達將療癒的聲波和內在層面的水晶意識帶進現實，一波接著一波的妙音瀰漫在夜空裡。

地球上的每一個水晶都擁有一種意識或能量振動。這種意識或振動來自內部層面一個類似於造物主靈魂面向的水晶王國。水晶意識的振動會減慢速度，讓水晶在物理的層面顯化。每一顆水晶都是與一切萬有或造物主神聖地連結後，被放大和淨化的禮物。雖然不同的水晶各擁有其獨特的特質，但每一顆水晶都有透過能量或意識，將靈魂傳送到造物主宇宙的能力。

傑達繼續從存有的每一個細胞裡散發聲音和能量。儘管他坐著並強而有力地扎根大地，確與每個人同在，透過能量促進、支持他們的個人療癒。

強烈的療癒振動沖刷著我的全身，我感覺傑達的能量體輕柔地把我擁在懷裡。大天使麥可和天使王國包圍著我們。從他真心裡散發出來的溫暖就像條柔軟的粉紅色毛毯包裹著我。

「心愛的娜拉，天使和我請你今晚讓你的靈魂本質在我們面前呈現。不要害怕，因為我的愛和療癒振動包圍著你。讓你的靈魂穿透所有層次的幻相，以前所未有的莊嚴和豐盛，進入你的內心和物質存有。心愛的女祭司，我，傑達，你終生的朋友，在這裡代表你的存有和靈魂中保有的愛。現在是你讓靈魂的力量進入存有的時候了，因為你經驗到一股強烈、嶄新的靈魂覺醒和整合。你的靈魂或白光天人的力量，需要透過你的存有傳達進你的細胞，支持你在地球即將擁有的經驗。接受你的力量就是接受自己的真理，並能讓你以更宏大的方式幫助亞特蘭提斯。我很了解你，娜拉。你等待著要為所有人提供更大協助的時刻到來了。當你在物質層面進入你的真實身分，會有我的支持，讓自己感受靈魂的真正覺醒和傳送。」

我感覺自己融入傑達那充滿能量的臨在，臣服於當下經驗到的一切，彷彿擺脫了塵世維度的肉體和生命負荷。傑達的能量在天使振動的環繞下，成為一道驅動的光能，穿透了我心輪的腔室，擴展了我的心輪。我看到傑達和我如同迷你的縮影般，存在於我心室核心的金光裡。我們在我的心裡深深地連結，存有中散發出燦爛的愛。

「現在是你療癒過去，並讓靈魂以更巨大的化身朝著神聖道路前進的時候了。」傑達的話語觸動了我存有深處敏銳的脈動，在我的覺識中喚醒了一個影像。

那是一個非常熟悉的影像：我和傑達背靠著神殿外的一堵白牆並坐，凝視著落日沉入海平面的遠方，一條時間線因傑達宣布對我的愛並與我長相廝守的願望而展開。

在我汲取記憶的同時，至樂、喜悅和實現感再度充滿了我的存有。接著，在未經我允許的情況下，那條時間線繼續延伸，將我的心念轉移到傑達和我一起蹲在神殿地板上的場景。他從指導靈那裡得知，他將與一個叫莉夏的女子配合，履行他在地球上的靈魂目標。這種夥伴關係意味著他不能再把愛獻給我，並放棄他在神殿裡的職責。

我們質疑造物主為何讓我們在前世連結、合一，卻又要殘忍地在這一世把我們拆開，身邊的氣氛充滿了沮喪、心碎和痛苦。我們共同為未來投射出的願景，就像一幅幅永遠滯留在心裡並蒙了塵的畫像。我跟著時間線的牽引，看到了最後一個記憶。我看到自己槁木死灰般地躺在神殿的地板上，獨自一人與地板的冰冷為伴，麻木的肢體卻感覺比白光天人更有吸引力。這個前所未有的經驗，啟動了我內在的情緒。無比強烈的情緒讓我身為女祭司的所有智慧都變得一無用處了。

「娜拉，這些記憶已經過去許久。我們已痊癒，也恢復了對彼此和造物主的信心。雖然這一世不能在一起，但我們知道彼此的真心和靈魂永遠合一。我們唯一的希望是靈魂選擇轉世到地球，讓我們共同度過圓滿的一生。我之所以要提醒你記得這些時刻，是因為你還需要完成最後一個行動，才能讓靈魂的表達自由。讓靈魂不自由的阻礙因人而異；然而，這些阻礙往往是缺乏愛或自愛。娜拉，你需要消除對我的所有執著，才能完全、徹底地療癒自己並無條件地愛自己。我們對彼此的愛不會因此有所減損，因為愛是造物主永恆的臨在。愛有助於我們消除所有的執著，讓我們不再影響彼此的能量，順利完成個人的旅程。」

傑達的一番話讓我允許療癒的發生。在光的環繞下，我感覺自己被抬離了地板，心輪散發著光，彷佛正以強有力的方式開始自我復原。我經驗到一股來自靈魂、地球和內在層面深沉的愛和感激之情。愛充滿了我的意識和感知，帶著我踏上一段前所未有的深沉、祥和之旅。我體悟到我最需要的就是對自己抱持無條件又謙卑的愛。這種愛能在許多層面上帶來療癒。

「這個體悟會讓你得到療癒，為你的靈魂清出一個空間，讓你的存有更充分地發揮作用。」傑達堅定地說道。

我睜開眼睛，發現周圍的環境裡充滿了平靜。傑達完成了他的音療，人們帶著至樂的神情，從冥想的狀態回到了現實。傑達伸手將我從地上拉起。他的笑容充滿活力，眼裡閃爍著光。

「你有被療癒的感覺嗎？」他在我的耳邊低語。

「你有意識到我們之間剛才發生的事嗎？」我有點吃驚地問道。望著傑達的眼神，我知道在引導下，剛才有件強而有力的事發生在我們身上。

「這些頌缽現在是你的了，」傑達指著五個按大小排列的白水晶頌缽，「那是要給你用來療癒的，娜拉。這五個頌缽會繼續為你療癒，協助你的靈魂以更大的力量在身體裡運作。你明早就會在神殿裡看到它們。」

我滿懷驚訝又感激地凝視著傑達和水晶頌缽。

帕洛的聲音打斷了討論個人經驗的人群。「現在到了我們以傳統方式完成滿月慶典的時候了。」

所有的人手牽手圍成一個大圓圈，傑達快速地抓起我的右手，我驚訝地看到班哲明伸手抓起我的左手。

「祝福大家。這是一場愛、能量共享和增強內在之光的聚會。感受在你身體中流動的能量從一隻手流淌進另一隻手，其在月亮的臨在下，為我們建立連結與合一。我們召喚月亮女神，讓我們神聖的身體沐浴在月亮和宇宙的至樂振動中。我們要向造物主展示大家已經準備好合作，為了讓宇宙協助我們存有中唯一真正的靈性回歸。我們一面感謝宇宙在過去一個月賜給我們的祝福和指導，一面打開心輪，接受宇宙在即將來臨的一個月要給我們的禮物、引導和保護。願你懷著慷慨分享的意圖，將我們在合一之圓中透過愛的靈魂，從月球、宇宙和造物主那裡接收到的一切，在你整個的存有中豐盛地散發出來。謝謝你。」帕洛的這番話為滿月慶典下了總結。

我感覺到一股能量之流在我的身體裡湧動，彷彿我的每一部分都充滿了光。隨著感知的消退，強烈膨脹的光在我的左掌心輪（left palm chakra）灼燒。我感覺手越來越沉重，彷佛班哲明正依靠著我。

我睜開眼睛，驚訝地發現班哲明已經不在身邊。我鬆開手指，瞥見掌上烙著一個光刻的符號，金色的三角與圓盤、蛇形互相重疊的印記。我驚奇地凝視著這個在皮膚上閃閃發光的符號。

「那是你的靈魂符號。」阿姆卡睿智的聲音驚醒了訝異的我。他緊靠著我，在耳邊低語，彷彿在跟我分享一個最神聖的祕密。「你出生時，女祭司以光將你的靈魂符號刻在你的掌心輪上。他們解碼了你的靈魂計畫，知道你這一世的靈魂意圖之一，就是與來自同一個靈魂團體的靈魂會合。他們透過這個光刻的靈魂符號提供你一個工具，讓你能更輕易地從靈魂團體中辨識那個存有。」

「你是說靈魂伴侶嗎，阿姆卡？」我小到幾乎聽不見的聲音，只換來阿姆卡會心地一笑。他親了一下我的臉頰，沒有多說什麼，便離開了。

娜拉的叮嚀

接受療癒，允許自己通過體悟之轉換成就深刻的療癒轉化，這就是你在地球上自我探索過程的一部分。放下執著的事物，以及放下可能阻礙你靈魂更大臨在的事物之體悟或意圖，都能讓你往前邁步，進而連結、經驗存有中的造物主之光。

切記，每一個痛苦、不舒服的感覺或念頭，都是讓你完整表達造物主之美好、正面的機會。經過一段時間的自省後，你的靈魂就會逐漸與整個存有融合。這種整合不是瞬間發生的，而是一個認知內在靈魂臨在的過程。當你祛除內在虛假的能量時，就是允許自己瞥見靈魂。在這個祛除和瞥見的過程中，你會與造物主建立更深層的統合。

你可能會發現內在的每一個障礙、痛苦或阻礙都源自於愛的匱乏。這象徵著透過對自己無條件的愛，你就更能對造物主意識有所啟發、覺知。展現無條件的自愛，就是在自己的內在和周圍維持一個謙卑之愛的空間，讓你得以從存有內在那自然的愛之源頭思考、行動、反應和存在。

以一種充滿愛的方式思考自己，不斷地化解小我的各種面向，讓批判、錯誤的想法和恐懼脫落。

無條件地愛自己不僅讓你崇敬自己，也能讓你認知到所有人內在那同樣的愛之空間。把周圍的人視為愛的光塔，即使他們的行為不符合愛的方式，也有助於你進入與造物主的合一。這會幫助你體悟所有的人、事、物都有著造物主的臨在，都是彼此連結，也都是從造物主的源頭延伸而出的。

練習五：鼓勵自愛

自愛是讓你從存有中汲取神性、神聖振動和智慧的關鍵。它能支持你化解所有不需要的執著。

專注地深呼吸，雙手放在胸部中央的心輪上。

深吸一口氣，心中默念「我是愛。」

深呼一口氣，心中默念「我無條件地愛自己。」

當你使用呼吸作為鼓勵愛擴展到整個存有的工具時，注意愛在心輪裡啟動的感覺。練習十分鐘，直到你感覺舒服為止，如果你有被引導繼續做下去的感覺，那就延長練習的時間。

這種療癒練習在悲傷、痛苦、缺乏信心或情緒痛苦時特別有影響力。它也會協助你以有意識或無意識的方式進行深度療癒，引導你進入自我覺察的新層次。

練習六：抹除愛的匱乏感

你可以把抹除愛的匱乏感當成一趟終生的旅程，因為你不斷獲得嶄新能量層次的同時，又療癒了靈魂裡累積的前世記憶。

專注於對存有的愛會支持你把愛具體化。凡是有愛的地方，黑暗和負面就不存在；因此，當你返回存有的源頭——愛——的時候，你的整個存有就會邁上自然的療癒過程。

平靜地坐著，專注於呼吸，直到你感覺心念集中、專注為止。大聲說出：

心愛的靈魂，現在請你把我的注意力帶到我存有或現實裡那繼續執著、強化愛的匱乏感之區域。謝謝你。

單純地遵循你的念頭時，記憶、過往的經驗、心像或靈感，可能會從你心裡浮現。你要對自己有耐心，信任從心靈浮現的事物。有時候，你的體悟會從存有之中，以感覺或理解的形式出現。有意識地覺知任何啟動的能量。

你的目的是認知你何時會對自己和他人產生愛的匱乏感。接著，你就能透過愛的回歸，療癒這個情境、記憶或體悟了。大聲說出：

我抹去了存有和現實裡所有愛的匱乏感。我選擇讓自己沐浴在來自靈魂和造物主純淨的愛裡；我選擇恢復存有中原有的愛的力量。我是愛，我無條件地愛自己。我此刻在愛的臨在前得到了療癒。謝謝你。

想像愛以光的形式，從你的真心流進身體的每一個面向，特別是你一直專注的領域、感受或體悟。盡量多給自己一些時間，充分地體驗這種療癒。當你的愛更充分地流動時，你可能會發現自己經常使用這個技巧，讓愛更充分地流動，進而照亮任何一個你可能執著的愛的匱乏感。

練習七：喚醒月亮

月亮是造物主能量的強大源頭，它有能力從存有的內在啟動、清除許多負面情緒。在滿月的時刻，面對著月亮站立，凝視它的光輝。大聲說出：

我崇敬月亮女神，我召喚祂的引導、愛圍繞我。我祈求月亮女神喚醒我靈魂的光輝、身體的活力和精氣、心靈的晶瑩剔透以及情感的純淨。協助我經驗一次深層的淨化，釋放所有不再需要的事物，讓我整個存有恢復更快速的振動。我接受月亮女神的同時，也接受造物主和我靈魂經驗的合一，並強化我的存有。我敞開心，接納宇宙神聖的禮物和賜福在接下來的一個月中展現。謝謝祢。

當你專注於你的意圖時，讓自己把月亮的光輝吸進你存在的每個細胞裡。

第四章　靈魂之音

我舉起鼓槌，從最大的一個水晶頌缽開始敲，水晶的聲音開始擴張，盤旋的漸強音充滿了圓形的神殿。第二天早上，傑達的水晶頌缽已經在神殿等著我了。我立刻被一股想演奏的強大欲望制伏。我從最小的開始，依序敲到最大的，讓感官領略每一個振動的聲音。振動的聲音啟動了我的靈魂，也擴展了我的真心，我感覺頭頂上的靈魂之星脈輪，似乎對著我的存有發出一道強大的集中光線。我靈魂的較高層次面向透過靈魂之星脈輪，傳遞進我整個存有之中。

白光天人教我把心輪當成靈魂表達、發光的門戶，因為它是一個可以信任，而且較不受小我影響的純淨空間。了解腳下的大地之星脈輪始終都是一件重要的事，因為它與靈魂之星脈輪有直接的連結——少了一個，就無法啟動另一個。大地之星脈輪扮演著靈魂扎根點的作用，它能在你的存有中，將靈魂顯化為具體的形相。

傑達說這些頌缽會繼續為我療癒，並使我與靈魂更緊密地整合。我懷著這個意圖，將有意識的覺知放在心輪裡，與靈魂的臨在連結。一股騷動的能量從心臟升起，上升到喉嚨，我的心靈裡充滿了巨大的光明。一個強而有力的「嗡（Om）」脫口而出，這個宇宙的永恆之音，在整個神殿裡振動著。我的靈魂透過聲音表達自己，將其振動傳播到心輪以外的空間。

「Om Na Ka Ta Ma Ra。」我隨著從靈魂裡展開的神聖節奏，開始自動地覆誦。這是與我的靈魂之名相呼應的靈魂之音。

白光天人進入神殿，把我擁抱在祂們的能量裡。祂們的意識開始流進我心裡：「你在導引你的靈魂，娜拉。你在導引我們的能量，更重要的是，你在導引代表我們能量的那個面向。讓這個聲音自由地從你的存有中流出。當你以物理的方式創造靈魂之音時，它就會在其核心永恆地振動，讓你把它帶進地球上的物理顯化。」

我邀請白光天人為我成就、經驗過的一切蓄能並加以強化。我周圍和內在的能量開始爬升，我感覺自己更深一層地飄入靈魂的臨在。我的心裡烙印著自己的心像：一個發著白光，有淡粉、藍和金色調的存有。那個我沒有形體，然而我卻認得那個心像就是自己。那個靈魂的形象裡出現了同時發生的不同轉世（simultaneous lifetimes）之影像，展示了我靈魂的多樣性和許多面向，或是特質。這些由靈魂創造出來並彼此相關的影像，再次讓我感到熟悉。我體悟到這個與我連結的靈魂是我在地球、行星、恆星和內在層面所有經驗的組合，也是我靈魂團體最純淨的振動或模板。

五彩繽紛的人物在我周圍舞動，展示著他們的才藝和能力。一個美洲印地安女孩，甩動黑色的長髮，轉過身來面對著我，手上的弓箭拉得繃緊，並以凌厲的眼神盯著我。我的心靈裡冒出「五月花號」（May Flower）這個名字[1]。女孩凌厲的視線消失後，化身為一隻狼，消失在遠方。一個美麗、純潔的金髮女孩穿著白色的長袍，手上端著金色的聖杯，跪在地上。他自稱是瑪麗翰（Maryham），並說明自己的一生都在支持一名他稱為耶穌的人的教義。一個皮膚黝黑、雙目失明的少女，吟唱著那讓他奉獻一生，並填補了生命的空虛、無助的心咒，他飄過來，好讓我認出他。一個在陽光下如水波蕩漾般閃閃發光的精靈，在我的頭頂盤旋，散發著精靈的意識。這位名叫歐蕾亞・納蕾亞（Oraia Naraia）的精靈，證實了我的靈魂曾經以祂們的形體前往其他次元和行星學習。這些角色中的每一個，都證實了我的靈魂包含著多元的層次。我注意到這些女性化身的壽命都大於男性。我也能強烈地感受女神在我靈魂中的臨在，但這都不是我與白光天人建立關係之前的事。

1　譯註：一六二〇年九月六日，從英格蘭的普利茅斯搭載著清教徒前往美洲麻薩諸塞普利茅斯殖民地的客船，是美國最早的移民代表之一。

「我們也像你、地球與內在層面的每一個靈魂一樣，持有並容許『萬有皆是造物主』流經我們。我們每一個人，無論是獨立的存有或統一的意識，都能汲取造物主圓滿無缺的豐富資源。造物主是光與能量的豐富源頭；祂的創造、擴張、意識和特質都是無可限量的。作為地球或內在層面的存有，我們不可能表達『萬有皆是造物主』；因此，我們透過存有與造物主連結，表達祂的每一個面向，並協助我們的旅程、神聖的目的和自我探索。」白光天人溫柔地解釋道。

我的靈魂展現出來的面向和角色開始消退。祂們已經達成了來此與我和靈魂更深入連結的目的。我的意識和覺知飄進含有我靈魂之光的粉紅、藍和金色調的純白光裡。不過，我仍然能覺知這個在神殿裡大聲唱誦靈魂之音的肉身。

「Om 是宇宙或造物主的永恆振動，」白光天人解釋道，「Na 意味著至樂，也就是體悟造物主後的終極境界。Ka 指造物主的能量和你的存有在扮演造物主之光的工具時，成就的終極能量形式，而 Ta 則是生命的象徵。Ma 封存了造物主平衡的陰性振動，Ra 則含藏著平衡的陽性振動。這個心咒是一個強大的意圖，它的目的是要放置、鼓勵神性進入你身體裡的細胞，以及你存有的每一面向。娜拉，雖然心咒連結著你的靈魂和靈魂團體，但你也可以分享、傳授給其他人，幫助他們強化自己與靈魂和神性自我的連結。」

「為了讓個人對靈魂有更全面的了解，每一個人的靈魂都有一個可以汲取的名字、聲音、符號，甚至顏色。汲取這些靈魂的名相和音色並非必須的；然而，它是可以用來進一步探索靈魂的工具。以唱歌、跳舞、詩歌、繪畫等創造性的方式展現你的靈魂，是一件美好的事。我們曾經跟你一起達成那些才藝，娜拉。你可能自認為已經完成了靈魂的整合，但靈魂的整合含有很多層次。你進入的每一個新層次都可能透過你的存有，以不同的方式自我表達。」白光天人的智慧呼應了我心裡的真理。

「娜拉，我們希望把你傳送到第十四次元，我們能量的一個面向就棲居在那。」白光天人的語氣直截了當，強而有力的點出了祂們的目的。

白光天人逐漸靠近我的能量場，我的靈魂散發出來的白光也隨之增強。祂們使我存有的振動加速，好讓我從肉身現實的意識中，將有意識的覺知放入第十四次元。我當時就知道白光天人存在於這個次元和更高次元的空間裡。我覺察到我們進入一個類似繭的金色小光室裡，而那通常是用來療癒。白光天人將我的振動速度穩定下來，讓我在新的現實裡扎根。我感覺祂們的能量在往後退，為了要給我時間適應周圍的環境。在我的視野中，那熾烈的耀眼白光逐漸從眼前消散，只剩下一個白色的形相。白光天人繞著我們圍成一圈，我看到心輪中心冒出我與班哲明牽手時掌心出現的那個符號。雖然眼前那個白色形相散發的藍光比我的靈魂稍多，但他心的中心也有一個幾乎相同的符號，與我心輪上的符號互相呼應。一股強烈的熟悉感、認知和強大的連結在我們之間拉扯。我們的能量開始從地板盤旋而上，穿過我們的存有。就在那時，我透過光瞥見了一個與班哲明在滿月慶典上一模一樣的形相。

「白光天人的能量，從地球初創時就在支持著它。我們的意識裡都保有造物主賜予的永恆神聖計畫。我們能夠看到地球目的的更大藍圖，看到宇宙所有靈魂和靈魂團體正在展開的旅程。造物主要求我們把自己的各種面向投放到地球，以便在地球的旅程中扮演關鍵角色。每一個靈魂團體都會在引導下做出同樣的事。」

「娜拉，你是我們靈魂的一個面向。你是我們地球能量形體的接收者和傳送者。在亞特蘭提斯的變遷期，你再也無法獨力完成這個工作了。你的神聖計畫裡寫明，你會與白光天人的另一個靈魂面向連結，而其存在於地球上的男性肉身之中。你與這個有著男性形體的存有，有助於我們了解造物主陰陽面向的平衡，體驗純淨真心的連結與合一關係，進而以這個被發現的意識作為幫助其他文明靈性進化的印記。我們正要從你在地球上的存在中探索、收集意識，娜拉。我們要把這個意識傳播給宇宙裡的許多存有，並幫助我們了解造物主。」

「班哲明是我們能量的穩定器和保護者。這象徵著他可以透過穩定我們的振動，選擇一個我們得以存在的次元，讓你接收我們的能量。他是平衡大師，也有能力平衡、保護你的能量，娜拉。班哲明曾經與昴宿星人（Pleiadians）和大角星人（Arcturians）一起研究過金星。我們在你出生前就把他安置到地球上了，因為我們知道神聖計畫會如何展開。當然，你的靈魂面向認出並愛著面前這個被你的人格稱為班哲明的靈魂。你們的連結很穩固，因為，容我們提醒你，我們曾經派你們去過其他的恆星、行星，甚至是宇宙，代表我們去進化和了解。你是我們的光塔、溝通者，以及尋求對造物主更大體悟的宇宙旅行者。在這個亞特蘭提斯的變遷期，我們將你們結合，讓你們體驗愛的目的，是為了要你們探索、提升亞特蘭提斯的振動，以免它降低到無法恢復的地步。你們的內在有很多可以彼此啟動和探索的事物，需要你們透過形體的詮釋，了解我們在地球上的能量。你們的結合會成為地球上一座支持許多人的強大光塔。

我聚精會神地聆聽白光天人傳達的意識，感覺到熟悉、認可和真理在我的存有中建立。我只能從娜拉的觀點了解這個情況，並感知在我面前的靈魂，但我的靈魂卻隨著至樂逐漸擴張。我在自己的亞特蘭提斯神殿裡，始終都有一分孤獨感，讓我因為長時間的獨處而感到窒息。我以為這個孤獨感來自於我與內在層面的家，以及我與白光天人、指導靈和朋友分離的形體經驗。突然之間，我看到我的靈魂與我以娜拉的身分在地球上存在的一切，希望與另一個完全理解我的人分享我的靈性經驗。我認為傑達就是我要分享靈魂的那個人，也為了更充分地體驗造物主，他就是我要把光和意識與其融合的人。最後，我才明白傑達可能是來為我做準備的人，讓我與來自同一個靈魂團體的靈魂伴侶結合。讓我能透過形體、能量和有意識的方式跟他分享我的光。這一分體悟卸除了我心頭揮之不去的沉重感。我的靈魂像光之彩帶般流向班哲明，與他的能量連結。我們共同經歷過的記憶湧入我的覺知裡。我們的能量為了再度認識彼此而交織，愛、至樂、真理、喜悅與祥和繽紛四射。我們的連結在我們之間構成一幅美麗的光畫，呈現出一張讓我們得以探索的認知地圖。

「娜拉，我要走出來支持、保護和崇敬你。我是班哲明，又名 OmSe Na。我們在地球上有很多要共同成就的工作。我們的目的是成為地球上的白色光塔，幫助亞特蘭提斯的存續；我們是亞特蘭提斯的白色光塔。」班哲明的話語在我整個的存有中脈動，字字句句都像是從我口裡說出來的。我感覺他的能量將我提升至造物主之光裡，為我賦能，讓我看到我在地球上存在的真相和目的。

「白光天人跟我分享了很多與亞特蘭提斯的未來有關的資訊。身為你的保護者，我不能跟你分享這一切——不過，祂們允許我分享其中的一部分。」我溫柔地示意班哲明繼續說，表示我同意接受他的洞見。

「娜拉，白光天人在你內在播下了一顆創造種子，也在地球誕生時把同樣的一顆種子播種到大地之中。你靈魂中攜帶的能量振動，與祂們播種在大地的那一顆是一樣的。這個能量振動不只是造物主神聖計畫的印記，也是白光天人的意識——祂們對宇宙和造物主深奧的智慧和覺識。那是白光天人的療癒範本。如果把這個範本完全向地球和人類揭露，它就會創造出集體的療癒和更高次元的揚昇。從你誕生以來，這種振動和印記就逐漸地置入你的靈魂裡了。」

「當你的靈魂邁步，以在你的肉身裡運作，這些振動和印記就會進入你的肉體，並傳播到亞特蘭提斯的四面八方。娜拉，你擁有的能量會提醒地球人回歸造物主的合一和愛，讓和平暢行於世。我來這裡的目的是為了保護你，並支持你完成在你面前展現的任務。」

班哲明傳達出的奉獻與愛的訊息，充滿了令人敬畏和難以抗拒的真誠。我存有的每一個部分都浸淫在他的話語裡，我感覺自己對創造種子的了解、記憶和覺識在內在茁壯。白光天人在我們的對話中從未提到創造種子，我納悶祂們為何對我保留如此重要的資訊。然而，我又感覺由班哲明向我傳達這份智慧傳才是適當的做法。

他繼續說道：「亞特蘭提斯和亞特蘭提斯人開始興盛，並建立我們今天所知的文明，他們原本探索靈性連結、科學實驗的那份吸引力得到了平衡，並以開放的視角進行雙向的探索。逐漸地，某些團體開始把與造物主的靈性連結當作一種生活方式，而有些團體則傾向於以科學的途徑處理日常生活。抱持科學態度的團體，鼓勵減少靈魂在身心和人格裡的作用，降低造物主在他們存有中發揮的力量。他們的身體和脈輪也得不到光和愛的滋養，而心靈和精神體則擴展成一切的主導力。如果靈魂不能在存有中發揮它的高度作用，心靈就會運用小我、過往的經驗、信仰和他人的影響，作為了解和創造的燃料。如果內在經驗到不平衡以及與造物主連結的斷裂，同樣的問題就會向外投射到個人的現實裡。心靈開始創造物質現實時，魔法、創造流和神聖的共時性就會消失，進而經常導致人類的不滿、侷限和受苦。」

「許多人心靈內在的小我越來越強大。小我或作為一個形體存有的你，聲稱它知道的比造物主更多。地球上的生命是以臣服於造物主的神性之流為目的，並利用存有中不斷湧現的能量，進行創造和顯化。一旦人阻礙了造物主的神性之流，他的生命就會停滯，並受困在侷限裡。這會鼓勵心智在自身之外的物理現實裡開發機器和科技等外部工具，以取代、補償內在經驗到的侷限。亞特蘭提斯那些專注於科學發展的人，他們的力量和勢力正在茁壯。他們可能會為了科技的推進，而冒險破壞地球結構的能量和磁力的平衡。」

我打斷了班哲明的意識流。「我們能做些什麼來解決這種局勢呢？」我的真心和靈魂希望以任何支持性的方式，為亞特蘭提斯提供一些服務。

「我們的目的就是透過與造物主連結的經驗，從那些已遺忘的人內在喚起自由和真理的深刻記憶。我目前能跟你分享的僅止於此了。請你知道，娜拉，我來此的目的是為了支持你和愛你，為你提供白光天人的保護。」班哲明的意識輕柔地流入我的意識裡，彷彿我正在經驗一個最甜美的擁抱。

我在能量和意識中漂流一段時間，享受光穿透我的存有時帶來的轉換。在我的靈魂團體白光天人圍繞下，我有回到家的感覺。一段時間後，我的身體因為久坐神殿堅硬、冰冷的地板而疼痛。我自動吟誦完一個循環後，意識到圍繞在周圍的寂靜。

娜拉的叮嚀

聲音是靈性成長的一個重要面向，因為高振動頻率的聲音——例如頌缽的頻率、振奮人心的音樂、咒語或 om 這個聲音——都會穿透身體和氣場，鼓勵細胞以聲音發出相同的振動頻率。你的整個身體開始和諧地振動，在這種存在、覺知的狀態下，你會更能吸收、接受造物主的較高頻率。當身體、心靈、情緒或氣場裡出現任何形式的疼痛、不舒服或不和諧時，都可以聲音來創造和諧與祥和，因而把解決之道或療癒吸引進情境裡。聲音也可以用來創造神聖的空間，或者讓自己快速調適，進入造物主的祥和、愛和至樂裡。

練習八：心靈精通術

我鼓勵你閉上眼睛，以五分鐘的時間，大聲念誦「Om, Na, Ka, Ta, Ma, Ra」[1]這個心咒。逐漸延長你專注於心咒的時間。唱誦的重點是把注意力集中在心咒上。每當念頭進入心智和意識而導致你分心，就把注意力帶回心咒上。

你可能會發現持咒，吸氣，呼氣，並再次重複，是一個很有效的方式。想像心咒是一個你深愛著，並希望陪伴、了解他所有行為的人。透過這種方式，你會覺察心咒對存有和心靈的影響。當心咒穿透你，在你的整個存有中帶來和諧時，你會與它在心靈裡的振動、臨在達成一體不分的親密關係。

1 編註：發音近似「嗡那卡塔瑪拉」。

練習九：靈魂之音

地球上每一個肉體內的靈魂都是神聖、特別又被深愛著的。這個聲明也包括你在內。

就像所有人一樣，你也有光的種子、神聖的印記、密碼、振動，以及誕生時就被植入靈魂的意識和智慧。當你的靈魂在肉身和地球上的現實裡展開行動時，這些來自你靈魂團體的神聖波動和印記，就會融入你的整個存有之中。我從白光天人那裡發現，靈魂擁有的振動能夠療癒人類，並讓人類的焦點返回與造物主合一的振動裡。你內在也有一種類似於體內光之甘露的神聖能量。當你散發並表達你的靈魂之光時，它就會支持人類的揚昇。

探索你對靈魂能量特質的感覺，通常能辨識出你的靈魂之光在世間的目的。你或許會感覺它是愛、寧靜、勢能，或任何其他的神聖特質。了解靈魂中的特質以後，你就更能了解靈魂的目的——它如何支持你和他人——想像它的光從你的存有中散發，並延伸到周圍環境並超越侷限。

想像你的心輪處有一顆光球或一道火焰。讓光隨著你的每一次呼氣擴大。當你感覺靈魂的深刻連結與觀照時，要求它讓你覺知靈魂散發出來的特質如何與它在地球上的目的連結。在冥想中耐心地坐著，觀照任何可能出現的念頭、感覺或覺受。

接著，你或許會想念出Om這個造物主宇宙的永恆之音。張開嘴，從O音開始，當你進入M音時，閉著嘴繼續發聲，直到你把氣吐完。深吸一口氣，呼氣時開始發音。體驗聲音的同時，專注於你的靈魂：你每一次呼氣時發出的聲音都會擴展你的靈魂，讓它進一步表達自己。

你會發覺你的聲音開始改變。你或許會感覺自己很有創造力，Om聲可能會消失，變成個人之聲，那是靈魂的表達或靈魂之音。靈魂之音會鼓勵你的靈魂振動採取行動，並在你的整個存有中脈動。

繼續探索這個練習，給自己時間，讓靈魂的創造力浮現。你可能會發覺靈魂之音不斷地更改，也可能發現它一直保持不變。這是你獨一無二的個人之音，其中沒有任何的規則或限制。這個聲音會在能量的內層和形體現實之間架起一座橋梁。

第五章　漢納爺爺

漢納起身，以他溫暖的懷抱包覆著我。「親愛的娜拉，我一直在等你來。我想你好長一段時間了。」

無意間撞見漢納爺爺坐在樹下時，我在鄉間散步，以支持我的靈魂扎根大地。我有意識地覺知到雙腳與大地的接觸，鼓勵我的靈魂和造物主的神性之流進入腳底的大地之星脈輪，會在我的存有和形體現實中更充分地顯化。

「你怎麼知道我會在這裡？」我驚訝地回答。

漢納笑了，眼裡閃爍著光芒。當然了，是他的直覺和內在的知曉引導他來到這個最合適的地方，跟我會面、連結。漢納示意我跟他一起坐在樹蔭下。

漢納不只是我的祖父，也是一位睿智的麥基洗德門徒。此外，他是白光天人任命來擔任我神殿的守護者。他娶瓦奧萊特為妻。他們一出生就彼此許諾，當時在場的女祭司也注意到（雖然他們的生日相隔五年）他們之間的命運和連結。女祭司看到他們在地球上有一個共同的目標，就准許他們成年後在學習中心的神殿裡結婚。

漢納雖然是帕洛的父親，但他的模樣更像是帕洛的哥哥。他們父子都有淺棕色的頭髮和深棕色的眼睛。漢納比帕洛更沉著、更處於中心。他經常為了維持修行上的精通和紀律，而在靜心中入定數日。這也是他在大自然中感覺最自在的時候。

在我看來，漢納始終都像社區的領導人。這比較是因為他內在強而有力的智慧，而非他的領導技巧。我在漢納身邊坐下，敞開心，懷著信任和信心，接受他傳達的知識和智慧。漢納教我處於自身的力量之中，甚至當他訴說著內在層面的神聖領域之教導時也是。這意味著他要我觀照他的智慧，只接受那些與我的存有共鳴的教誨。

「你與自己的靈魂和靈魂團體一直都有美好的整合經驗，娜拉。」漢納停下，等待我的確認。「然而，你還需要更多的資訊才能幫助你在身體和人格層面有完整的了解。」我再度點頭，等他繼續說下去。

「你從很小時就已經覺知到作為你靈魂團體的白光天人。如今，你正進入與祂們合一，共同幫助亞特蘭提斯的時期。大師和老師們在地球上分享靈性智慧的方式，已經無法吸引我們文明裡的許多人了。我們需要新的洞見、視角與強大的療癒振動，才能喚醒更多人憶起他們內在的神性。亞特蘭提斯的振動正逐漸下降，因為越來越多人只專注於生活中的科技和物質面向，忽略了造物主的臨在——友誼、愛、內在真理、祥和與那離苦得樂的存有。人心對科技進步的執迷不悟，導致了靈魂與其神性直覺分離。」

「娜拉，我有一段時間沒有透過冥想和能量投射的方式，回去探望那個以前的家——麥基洗德神殿了。我每一次連結那個有過甜美之愛振動的神殿，都會遭遇黑暗、恐懼的念頭。許多麥基洗德門徒已經屈服於恐懼的掌控，喪失了對造物主的信心。我得到指引，要我斷除對神殿的所有執著，並保護我的能量和我們在北亞特蘭提斯的現實。我的行為讓我深感不安，我覺察到亞特蘭提斯正以比我們預期更快的速度從高頻率振動下墜。你還記得這個恐懼是如何產生的嗎，娜拉？」漢納停下來，凝視著我。

小時候，漢納經常問我這個讓我有一股甜美熟悉感的問題。「允許負面的想法進入思維的空間，就會產生恐懼。一個選擇在生命的旅途上專注、收集和攜帶負面想法的人，負面的思想就變成他的信念。我們的許多信念都會投射到現實裡，因此，我們所抱持的任何負面信念都會在物理現實裡，以經驗的形式顯化。負面的或背離造物主的信念，就很可能是令人不悅的，恐懼就會在情緒體內為這個信念累積強大的燃料。內在升起的恐懼實際上是一種與造物主分離的感覺——無助感、無力感、不被愛的感覺。接受這些感覺並與造物主分離的人，往往會忽略內在造物主的神聖面向，進而導致進一步的受苦和痛苦。這種經驗會延續許多難以打破的循環，並產生更多類似性質的信念。現實就開始以各種方式確認這個恐懼，這表示信念和恐懼已經嵌入細胞的層面了。轉念，回到一個空間並專注於愛，才是促進療癒和恢復平衡的唯一之道。」

漢納笑著聽我說完這番解釋，他知道這是他很久以前跟我分享過的看法。「許多男女大祭司都了解恐懼的來龍去脈。然而，知識往往很難融入現實；知識經常不是觀念的具體展現。我相信科技的進步鼓勵了許多人，讓他們在自身之外尋找工具和協助。這導致了分離的觀點，讓負面和非生產性的思想污染了他們的心靈。循環會在毫無察覺的情況下展開。小我會因為這個循環獲得力量，進而控制並影響心靈在物理現實裡的投射。我相信這種事就發生在亞特蘭提斯的中央神殿裡；我能感知它正蔓延到亞特蘭提斯的其他地區。」

「因此，愛才是我們最強大的工具和防禦。」我肯定地說。

「娜拉，你和你的白光天人也是我們的保障、保護和答案——還有班哲明。」漢納的眼神穿透我的眼睛。「我知道現在有許多神聖計畫正在展開，」他肯定地說，「我們都會被要求在環境、挑戰和那個神聖計畫裡扮演一個角色。」這一直是漢納點出我有多特別的方式。此外，他也提醒我要記得眾生平等的信念，要我在存有之中保持謙卑的狀態。

「為什麼是班哲明？漢納，我對他一無所知。」

漢納笑我的人格不願意接受班哲明。我想起了與白光天人和班哲明會面的往事；然而，當我回到現實嚴酷的能量裡時，卻感覺那就像是一場夢境或幻覺。

「確實對你現在的人格來說，你對班哲明所知甚少。你們幾乎沒有彼此交談過，但造物主卻在編織一個撮合你們的神聖計畫。白光天人已經同意了這個神聖計畫，也支持你們在現實裡許多的共時性。你與班哲明的連結現在是很重要的，因為當你們透過彼此接納，讓能量在這個地球的層面結合時，許多神聖的途徑就會各歸其位。你們收集的所有知識——記憶和與造物主宇宙內部層面的連結——將會對準你們的能量，以強大的勢能流過你們，讓你們支持亞特蘭提斯。你們是來自造物主透過白光天人傳送並固定於地球的神聖智慧和模板。這並不表示你們有什麼特別之處。你們只是被揀選，要在我們面前展開的現實中，扮演一個神聖的角色。」

漢納以雙眼打量著我，檢視我是否放下了不肯接納班哲明的心態。

「我還是不明白為什麼我們會被揀選。」我坦承，感覺對自己有一點沮喪。我不想讓漢納失望。

「你們被揀選，是因為你們來自同一個靈魂團體。你們是一體的，擁有相同的能量，所以能在極大的祥和與和諧中合作。你們都曾經在許多其他的現實、前世和文明裡，透過白光天人從造物主那裡傳輸過類似的光。」

「由於你們的靈魂具有統一性，因此你們分別代表了造物主的陰陽兩個面向。你們透過在合一和愛裡的工作，就能把和諧的振動固定於地球的能量模板之中，進而平衡造物主的陰陽振動或男神和女神。當造物主的陰陽面向整合，當陰陽振動沒有分別，只是一種神性的純淨狀態時，人們就會經驗到造物主最高的統一和振動了。」

漢納停下來，想確認我確實聽懂了他的話。漢納的解釋讓我的身體起了變化。我感覺自己的能量變得越來越輕、越來越亮，鼓勵我敞開心扉，接受在現實中發生的情況。他對我的進步感到滿意，接著又繼續說道：「切記，你不需要因為要讓自己的陰陽面向帶來平衡與和諧，而跟另一個人建立連結；然而，造物主此時的選擇，是要透過你和班哲明在地球上的臨在展示陰陽的整合。重要的是，你們要遵循靈魂的神性直覺，因為造物者在向你訴說神聖計畫，而那是為了顯化而必須發生的一切。造物主的神聖計畫可能不是作為人格的你想要顯化的，因此信任和關注你的直覺才是你此時的首要工作。」漢納停頓片刻，似乎想強調他的下一句話：「娜拉，你會在班哲明身上找到你要的一切，因為他為了讓你能更深入地了解自己，扮演了一面鏡子。也許你對班哲明的抗拒，並認為他是一個陌生人，是因為你不願意接受自己，或以更寬廣的觀點看待自己的緣故。」

「漢納，靈魂伴侶是什麼？」我小心翼翼地發問，心裡仍然試著理解我和班哲明的關係。

「我們都是彼此的靈魂伴侶。我們都是在回歸造物主的合一之旅上的同伴。『靈魂伴侶』是一個標籤。它通常表示來自同一個靈魂團體，彼此連結並有相同體悟的靈魂。事實上，要體驗你與另一個人在靈魂上的連結，不一定要來自同一個靈魂團體。連結是一種憶起的感覺。你通常會與同一團體的靈魂一起度過多生多世。這些靈魂可能來自不同的靈魂團體，但你們之間有一分強烈的熟悉感。我們就用靈魂伴侶來解釋這份熟悉感——堅強的靈魂情誼。」

「我們都是同一個靈魂團體的延伸，而靈魂團體則是造物主的延伸。你的靈魂團體專注於回歸與造物主的合一。靈魂團體經常會一起合作，啟動你存有內在的熟悉感。事實上，你能覺知自己與造物主所有面向的合一。每一個造物主的面向都是一個家庭成員，所以你不妨說他們都是你的靈魂伴侶。」這是我需要聽到的資訊。憶起每一個進入我生命裡的人跟我的連結，對我尋求完整地體驗造物主來說，是一件很有價值的事。

「娜拉，你與目前在亞特蘭提斯形成的社區有著密切的連結。你和這些靈魂一起度過了多生多世。在亞特蘭提斯以前的列木里亞（Lemuria）時期，你、班哲明和我們社區裡的很多人一起轉世。列木里亞人擁有以太體，並在靈魂的體悟上取得了巨大的進步。他們運用少數的科技，但發現很難在地界維持他們的高頻率振動，因為這裡缺乏食物，靈魂也無法適應物質層面沉重的能量。他們通常會在中年時期死亡。你和班哲明同時活在那一世，好讓你透過反思真理而學習。你那一世的名字是納蒂亞（Nadia），意指開始；班哲明的名字是西里斯汀（Celestyn），意指來自天堂的存有。你希望把在列木里亞經驗到的高頻率振動帶到亞特蘭提斯的現世生活裡。」

我驚訝得倒抽了一口氣。漢納分享的每一件事，都引發了我內在深沉的共鳴。他的話提供了豐富的資訊，但又充滿愛的支持。他的能量流向我，我的某些部分和意識似乎正回歸到自己身上。我興奮地想多聽一些，因此鼓勵他繼續說下去。

「隨著亞特蘭提斯文明的出現，更多來自造物主宇宙的靈魂相繼轉世到地球。我們繁榮的文明和富足的糧食創造了健康的肉體，靈魂也開始了解形體和物質能量層面存在的過程。亞特蘭提斯人的平均壽命因此增加，轉世到地球的靈魂數量也隨之增加。列木里亞時期，你在地球的第一次轉世結束後，回到內在層面造訪宇宙光學校（Universal School of Light）。這個學校進一步讓你準備好要在更密集的物理振動中存在，讓你設定返回地球的日期和其他細節。」

「你這一次進入亞特蘭提斯，你的靈魂團體選擇把你和班哲明放在與亞特蘭提斯層面的相對面。你的名字是卡拉（Cara），意指摯愛；班哲明的名字是班尼許

（Benesh），意指領受賜福。你們的分離造成了你的孤獨，進而使你在靈性進化和自我覺察加速。」

漢納懷著溫柔的慈悲，會心地對我微笑。我知道他覺察到我這一生經驗到的孤獨，以及我渴望找到一個摯愛一起分享生命的祕密。我很早就不再對漢納隱瞞任何事，但即使如此，我仍然感覺有一點尷尬，就像隱藏在最深處的欲望和感情被他看穿了。他把手輕輕地放在我的下背部，安慰著我。

「娜拉，你後來回到亞特蘭提斯，在愛希斯（Isis）的水晶神殿裡學習，想成為女祭司。班哲明也在那一世；然而，女祭司們拒絕你們的連結，也不祝福你們的關係。這帶給你們很大的痛苦。你們以班哲明和娜拉的身分回到亞特蘭提斯的第三個文明。你們為了激發強力的靈性成長而分開生活，好讓你們結合時能融合成強大的光塔。」

「娜拉，你的個人目標是發展創造力、愛心和滋養的特質。你需要活在自己的力量裡才能表達這些特質，讓你能更充分地探索自己的陽性特質。班哲明的目標是透過打開心輪，重新為自己導入陰性的特質。」

漢納沉默地觀察著我消化他分享的資訊。

「這麼說，班哲明和我真的認識彼此。這一生並不是我們的新旅程，而是延續已經展開的任務。」我終於接受了造物主、白光天人和靈魂的神聖旨意；我感覺心裡所有的困惑都消失無蹤了。

漢納會心地笑了。這時候，我已經透過他接收到需要的資訊了。

「漢納，也許我沒有立場提問，因為我知道我必須從神性的內在引導汲取智慧和答案，但我和班哲明在一起要做些什麼？我們要如何支持亞特蘭提斯和我們的人加速振動呢？」我突然感覺一陣迷茫，我體會到自己並不明白支持亞特蘭提斯的目的。

漢納會心地笑了。他不僅了解造物主為我安排的神聖計畫，也能認同對於未知的情勢那難以招架的感覺，彷彿肩上的重擔。

「隨著你與班哲明在連結上的發展，你將發現你們會強化彼此的能量，並因為你們對彼此的接納而流出。你沒有必要擔心。一切都在流動，也將隨著造物主的完美而繼續流動。」

漢納站起來，沿著小路走回村子的方向。他不需要說再見，因為他知道我們很快就會在物理的層面上連結，而且始終都以能量的方式彼此連結。他對自己分享了造物主希望他表達的一切充滿自信，也對自己在亞特蘭提斯展開的神聖計畫中扮演的角色感到心滿意足。

娜拉的叮嚀

神聖計畫是一個由造物主引導的情節、情境或經驗。它是由你的靈魂、靈魂團體、指導靈和造物主共同創造而出的，這通常包含你的靈魂希望精通和學習的課題。神聖計畫類似一個比你的現實更大的構圖。它不僅集中於你的當前，也是你一生的計畫。你的神聖計畫與地球上每一個靈魂和內在層面的神聖計畫，都以同步的方式進行。這為地球和造物主的宇宙創造了一個完整的神聖計畫。個人或人類的神聖計畫裡，都有造物主豐盛之流的臨在，允許萬事萬物以完美、真實和輕易的方式進化。它類似於一個無法掙脫的結構或地圖——即使你在地球上有行動的自由意志。自由意志提供你的選項是遵循內在的引導，讓自己活得快樂，並為了鼓勵你不費力地克服重大的人生課題，而容許生命經驗輕易地流動。

如果你選擇不遵循內在的引導，你可能會發現生命變得困難重重，甚至痛苦不堪。這並不是因為造物主希望懲罰你，而是因為你在對抗造物主的神性之流。這麼做就像試圖徒步走過海嘯一樣。即使是一個安排好的神聖計畫，你還是擁有表達、行動和反應的自由，這會對你的生命產生巨大的影響。現實生活中的痛苦經驗，往往不是你神聖計畫的一部分；它們是你心智裡的信念系統和觀點的創造物。亞特蘭提斯時期的神聖計畫具有非常強大的力量，這意味著在我們出生以前，靈魂就已經將一生計畫好了，而且通常終其一生不會有太大的更改或轉變。

你的神聖計畫會在你揚昇時的每一個特定時刻不斷地發展，並被你的靈魂重新改寫。你的自由意志在現實生活中擁有非常大的影響力；你有從內在的引導中創造和顯化的能力。這意味著你有能力控制並承擔現實與靈性進步的責任。活在地球層面的你，由於能量的密度過高，而無法真正獲得清楚的理解。每一個靈魂的神聖計畫都在不斷地進化，這表示宇宙的神聖計畫會不斷地轉換，但萬變不離其宗，你始終都會有一個持續、統一且完整的目標或目的地。每一個靈魂都會自然而然地以整體而運作、處理和存在，因此，同樣的方式會在所有人的神聖計畫中出現。即使你有這種自由，你的靈魂還是會描繪出你的路標，引導你去經驗它們。

你這一生可能永遠無法真正掌握或了解自己的神聖計畫。然而，重要的是，你要接受造物主透過你的靈魂團體和靈魂傳遞給你的神聖計畫之能量振動，再將其散發到你整個存有之中。接納就是對進入你現實裡的能量感到舒服，並以理解迎接它，包括讓你感到沮喪或導致痛苦的能量或情境。接納並不意味著容忍，更重要的是，要明白造物主或你創造出來的事物都有其神聖的理由。有了接納，你就會容許自己認知現實中的能量或情境，接著，你就能從一個充滿愛的位置放下，進而療癒、釋放它。

接納通常是讓你保護自己免於疼痛或受苦的護盾，因為你會以中性或愛的反應承認它在現實中的創造和存在。這意味著它會減少對現實生活的影響。接受神聖計畫的能量，同時練習接納，或對它在現實生活的顯化負起責任，是讓你與造物主神性之流步調一致的關鍵。切記，接納是承認、責任、認可和感恩。

練習十：接受你的神性計畫

專注於呼吸，讓自己進入平靜、知足的狀態。準備好了以後，大聲說出：

我現在準備好要接受造物主、我的靈魂團體和靈魂為我當前的現實共同創造的神聖計畫之能量振動。我敞開自己，以輕鬆自在的態度經驗造物主的神性計畫從我身上流過。如果我要讓神性的引導協助我當前的現實，我現在就允許它流入我有意識的覺知裡。謝謝祢。

把注意力集中在心輪，想像、感知或承認心輪中有一本最珍貴的書。這本書包含了有關你當前現實的神聖計畫。

允許自己接受造物主神聖計畫的同時，想像、感知或承認有一道原始的金光，正從頂輪流入你的心輪和這本書裡。

吸一口氣。容許這道金光流入你的頂輪；呼一口氣。讓它充滿你心的中心。

你也許會在打開這本書的時候辨識出它。你也許能讀懂書頁裡的智慧，獲得一種感覺、啟發感，或來自你神性計畫訊息的話語或心像。那是造物主、你的靈魂團體和你的靈魂共同創造和引導的。即使沒有收到任何形式的引導，你仍然是在吸收能量。能量會在你的現實裡變得更加活躍，並且會在神性的時機出現。

把金光吸入身體、周圍的環境和大地裡，結束練習。

練習十一：進入神性之流

存在於造物主的神性之流中，意味著現實裡的你會不斷地得到支持、引導和協助。你沒有任何一刻是孤獨或無助的，每一樣事物都會提供給你。你只需要認知到這一點，並知道你值得接受提供給你的一切。

在造物主之流裡最具挑戰性的面向，是保持在有意識的狀態，知道造物主和造物主的能量會透過你進入你的現實裡，同時你也掌握了從存在裡升起的引導。我希望與你分享一個由三個部分組成的流程，以支持你對該領域的了解和進步。

第一部分

首先，專注於呼吸，進入冥想的狀態。接著，大聲說出：

我現在允許自己有意識地存在於造物主的神性之流裡。

想像、感知或承認有股來自造物主中心的能量傾瀉而下——如聚光燈般流過並貫穿你的存有。

讓能量像電流般流經你的存有，觀察光的顏色和任何感覺、覺受或想法。

專注於這股能量，直到你開始感覺、覺受或承認能量流的臨在。

第二部分

趁著這一股能量流在你的存有中循環並向四面八方散發的同時，請求造物主的神性之流引導、影響你身體的運動（你可以站起來體驗這個過程）。容許你的引導或啟發從內在升起，進而影響你體內的運動。它們可能是一些微小的動作，或者是有節奏的大動作。不要強迫進行這個過程，傾聽能量告訴你它希望如何影響你的身體。

你會在這個過程中獲得許多樂趣。你也要允許自己判定、認知你內在的引導。它也許會立即影響你的身體，鼓勵你感覺其流動和影響；或者可能會以文字或洞見引導你，鼓勵你移動身體的某一個部位。

按照這個步驟練習。你可能想播放音樂支持表達的進行。你正在建立一份關係，並體悟那始終存在，但經常會被忽略或不屑一顧的直覺和內在引導。切記，造物主的神性之流就是你的靈魂、靈魂團體和造物主。那是你有意識地存在於祂們的聚光燈下，並與祂們的能量一起移動——當然，那就是你的能量。

第三部分

在一整天的活動裡，將注意力帶回關於你存在於造物主神性之流中的記憶和認知裡。

其次，當你需要做決定時，先記得你連結並存在於造物主的神性之流裡。接著，尋求引導、支持或協助進入你的覺識，協助你獲得造物主之流的啟發。

你可以像詢問「早餐吃什麼」或「今天穿什麼顏色的衣服」那般簡單地提出你的請求。這個練習的目的是為了讓你了解自己擁有一切的答案，因為你存在於造物主的神性之流裡。就很多方面來說，你不需要思考，只要接受造物主的啟發就好。

第六章　建構神性關係

我早早來到神殿，準備將白光天人的能量和意識傳遞給社區居民。那些感覺自己被引導的居民，為了得到白光天人的支持，每星期都會來神殿集合。這個空間讓我們彼此連結，透過群體的振動和意識推動靈性的揚昇，並鼓勵我們強化社區的能量。為了促進社區的合一，白光天人在我的神殿剛顯化時就開始執行這件事。如果神殿周圍的社區擁有高頻率振動和強大的集體合一意識，社區的作用就會像神殿的地基一樣，支持並維護神殿的高頻率振動。對我來說，這是一件順理成章的事。如果混亂圍繞著神殿，它就會阻礙神殿之光的照射。

令我感到驚訝的是，神殿裡已經聚集了許多人，他們都背靠著神殿的牆壁盤腿而坐。神殿裡瀰漫著於人群四周翩翩起舞的純白霧氣。白光天人已經到場與居民的靈魂進行靈交。我走到神殿中央，在墊子上坐下，舒適地準備接受傳送。進入神殿的人越來越多，他們很快地找到了一個空間，以自己特殊的方式問候白光天人。由於伴隨白光天人的霧氣越來越濃，我很難辨認人群的臉孔。

「摯愛的白光天人，我以身體的每一個細胞和靈魂的每一個脈動愛你們。」我把雙手按在心輪上，默念著我要說的話，表達我的感恩之情和愛意。「我認知到我們的合一與結合，以及我內在合一之愛的臨在。我來這裡當你們的器皿，為造物主在地球和宇宙所有面向需要的一切提供服務。我現在就敞開自己，與你們一起合作。」

白光天人的能量瞬間穿過頂輪，進入我的存有，在我的軀幹裡創造了一個只能用莊嚴來形容的水晶光柱。水晶似乎產生了一股龐大的白光，灌進了我存有的每一個部分和周圍環境。其強大的能量幾乎像固體一般堅硬，從我的存有擴散到每一個人的心輪和整個脈輪系統，也在他們的存有中創造了同樣莊嚴的水晶光柱。人們紛紛轉換舊有的、不需要的能量，以對準光之能量，並維持類似的能量振動。我感到能量輕微地震動和跳躍。我感覺我們像一個堅固的光輪。我是輪軸，白光天人是輪輻，我們正齊力讓所有人合為一體。人群的能量振動持續加速，我沒有發覺我們正從神殿飄離，進入地球以外的其他次元和能量層。

「我們正要把你們傳送到天使王國。」我聽到自己嘴裡說出的話。

我們的肉身仍留在神殿裡，但我們組合起來的意識正轉移到天使王國的次元。美麗的粉紅光和藍光融入我們正在經驗的純白光裡。天使紛紛加入我們，我們的感官裡充滿了神性的美、恩典、祥和與溫柔之愛的印象。

「我們現在存在於神性關係的天使密室裡。」我的聲音再度傳達了白光天人的話語。最美的天使存有進入我的心像。就許多方面來說，這個無形無相、高大又含納一切的天使，散發著優雅平衡的陰陽振動。天使散發出的無條件、無私之愛完全地擁抱著我，一股暖意敲擊著我的感官。我的存有充滿了喜悅、至樂感與對自由的臣服。我的靈魂經驗到天使存有單純的擁抱，開始凌空翱翔。我彷彿觸摸到造物主和真理，也體驗到了愛的純淨。

「你們每一個人都被一個天使存有擁抱著。你們不需要了解這個存有，只要接受這個經驗就好。當你們體驗到天使存有的擁抱時，就會真的知道神性的連結和關係是什麼感覺。要知道天使正以其能量擁抱你們。請注意，天使與你們的靈魂連結著，並認知你們的真相，崇敬你們的存在，並以完全的喜悅和感激與你們合一，同時又保持在祂自己的能量和力量之中。」

「如果你們容許自己接受天使的擁抱和神性的連結，就會注意到自己的反應——無論是感覺很值得或不舒服。覺察你們整個存有對擁抱的反應，並容許自己反映天使存有的擁抱。你們可以透過接納，而非思想或想像，回報一個有同樣影響力的擁抱給天使。敞開你們的整個存有，放下侷限，容許你們的能量和愛自由地流動。如果你們想像自己正在擁抱一個天使，那可能是以不同於擁抱地球人的方式擁抱、連結天使的能量，無論那個人是陌生人或親人。我們感知你們能透過這種結合感知正在發生的療癒，這意味著你們敞開了自己的能量和靈魂。這是一次不受任何外在影響的真實連結。你們的靈魂正在與天使存有進行無侷限、無疆界的靈交。」

「重要的不是擁抱，而是彼此的敞開和接納。即使沒有擁抱，你們也能與地球或內在層面的任何存有和靈魂有同樣的經驗。神性關係就是毫無恐懼地敞開自己，接納存有內在持續不斷散發的祥和與愛的意願。關係與喜惡愛憎無關，它是靈魂的連結，一種容許造物主的真理展開，普愛一切眾生與接納造物主之愛的意願。你們能想像一個人人都以這種觀點彼此連結的世界嗎？當然，與親人和陌生人的連結會有不同的表達方式，但從能量的角度來看，你們對所有眾生的了解、尊重和接納是不變的。」白光天人的這一番話盤旋在我的腦海，也縈繞在空氣裡。

我們與天使的振動飄浮於這種靈交狀態中好一段時間。這個經驗逐漸結束後，我們發現自己有意識地飄回對神殿的覺知裡。白光天人的能量慢慢地從神殿撤離，讓我們完全回到肉身和現實之中。神殿裡一陣騷動，我的注意力離開了如海浪沖刷般的美麗至樂狀態。我睜開眼睛觀察著周圍的人群。人群帶著這個經驗的記憶，站起身來互相擁抱。我望著他們依戀在彼此的懷裡，讓靈魂的能量與彼此的接納、燦爛的意圖靈交。房間裡開始充滿了愛。我能感覺大氣裡縈繞著從每個人的身體和眼裡散發出來的愛。一股我從未經驗過的更深刻的愛在彼此之間交流。我們在存有內在和彼此之間認知到的能量，滲透並激發了整個社區，創造出一股洶湧龐大的合一感。我知道這是白光天人與我們分享的一份無價之禮。

「我會永遠地認知到這個我存有內在的能量，我會將其當成一束光，分享給每一個跟我連結的人。」我聽到一個人對另一個人這麼說。

我感覺有隻手輕輕地放在我的心輪背面，但不知為什麼，我沒有被嚇到。我抬起頭，不期然地與班哲明四目相交。他的手往下將我抱起，摟進他溫暖的懷抱裡。我們靈魂散發的光增強，在我們的身體裡強力地脈動著。剎那間，我們的能量如此活躍，感覺好像與彼此合而為一。我們的靈魂互相觸及，作為一個整體而存在，我感覺自己深陷在光裡，卻得到內在的強力支持（當然是來自班哲明結實的雙臂）。我們在融合的那一剎那擴展到彼此的光裡，一股深沉的祥和與寂靜降臨於我們身上——只有那剎那。這種經驗只能用我與白光天人連結、通靈傳訊時的振動來媲美。

我的感官逐漸與物理層面連結，我開始覺知到人群魚貫地離開神殿。我透過敞開的殿門看見外面已經是黃昏時分了。我輕輕地離開班哲明的懷抱，退後一步並深呼吸後，返回現實。很多擦身而過的人抓著我的手，緊緊握著，對白光天人分享的課題和意識表達感激與理解。神殿裡流動著一股龐大的知足和解脫感。我環視神殿，只看見留下來的班哲明面對著我，臉上洋溢著充滿至樂的愛。尷尬之情讓我們不知該如何反應。我們有一種無比深沉又難以言傳的經驗。班哲明傾身向前，輕輕地握起我的手，拉著我走出神殿。

「我想帶你去拜訪亞特蘭提斯一個我最喜歡的地方。」他說話的同時，關上了我身後的殿門。

我感覺整個存有在光裡飄浮。我只能跟著他走，因為我們有一種被海嘯推著前進的感覺。班哲明有著古銅色的肌膚，身穿藍色的束腰外衣，及肩的棕髮俐落地綁起並落於頸背。他領著我下山，進入神殿前的野地，突然輕輕地跑了起來。在一般的情況下，人們都會抄一條固定的小路，以免破壞、干擾自然地；然而，班哲明卻繞著一條只有他知道的新路，領著我穿越樹林。

當我們進入一片空地，其上有高高的青草在微風中翻騰，我們突然停下下腳步。天上的星星照亮了一棵傲然挺立於空地上的老樹。班哲明抬起雙膝，穿過草叢，朝著大樹的方向走去。我帶著一絲困惑，跟在後面。班哲明進入大樹延伸出來的氣場，稍加猶豫後又開始繼續前進。我知道他是在請求大樹的允許，讓他走進那個空間，這是社區居民對大自然表達尊重的習俗。我們在低垂的樹枝下停步。他輕輕地將我的手鬆開，並放在樹幹上。我的第三眼和肉眼並用，看到一道強烈的白光沿著樹幹往下流動。白光沿著樹幹上下同步流動，形成一個遍布所有枝葉的光網。頓時之間，整棵樹都變成一片閃爍著活躍光芒的白色。我驚訝地倒吸一口氣，往後退了一步。班哲明輕輕握起我的左手，將其按在樹幹上。

「白光天人！」我倒抽一口氣，立刻認出了祂們的能量。「可是，這怎麼可能呢？」

我望著他，想聽他的答案。

「亞特蘭提斯的一切，都做好要與造物主融合的準備，娜拉。你知道，我來到你們的社區還沒多久。我是被白光天人引導而來到這棵樹的。我認識你和阿姆卡以前就認知到祂們是我的指導靈、高我了。阿姆卡讓我再度與祂們連結，進而對祂們的能量有了更深入的了解。」

「這棵樹會跟我說話。我能在心裡聽到它的話語。它談到結合，談到希望提供更大的服務與傳播更多光的渴望。我認知到樹的光在物理形式上非常活躍。它的靈性超越了分離，想在與它有能量連結的一切事物裡啟動更多的光。它要把這個目的散發到周圍的環境裡。我在物質顯化的世界裡看過靈性發展完整或有能量核心本質的樹木；然而，這一棵古老的大樹卻能有意識地向外觸及，並支持和滋養周圍的環境。」

「在那棵樹的臨在下，我鼓勵白光天人的光流過我的頂輪，順著我的脊椎進入大地，向四面八方輻射。這棵樹反映著我的心念，它也想達到同樣的目的，並與白光天人非常純淨的振動連結。當能量流過這棵樹時，祂們要求樹成為其能量神殿——幾乎類似一個通往多次元的入口。我感覺白光天人希望未來能與樹木的能量合作。我相信祂們的想法是要以亞特蘭提斯的樹木提高一切眾生的能量振動。我無法確定祂們要如何顯化這種合一，但我感覺祂們正在建構一個強大的目標。」班哲明沉默不語，短暫地迷失在樹和白光天人美麗的合一展現出來的奇蹟、興奮和可能性裡。

「這棵樹有名字嗎？」我詢問道。

「名字？」班哲明轉換狀態，回到我們所在的現實裡。

「是的。所有的樹木，特別是這個地區的樹都有一個類似於靈魂的名字。這個名字通常是從樹木本質的音波裡產生的。」

「嗯……我從沒聽說過這種事。」班哲明被我引發出了興趣。

我只是閉上眼睛，開門見山地問樹是否願意分享它的名字，以便我們能夠詮釋它的能量，並跟它更充分地連結。

「賈科利（Jacoree）。」我喃喃地說道。

「好美的名字啊，娜拉。」班哲明讚嘆。「這是全亞特蘭提斯我最喜歡的地方，我想跟你分享。你願意跟我一起坐下嗎？」他比了個手勢，背靠著樹幹，把身邊的草地弄平。

我很高興能陪他一起坐下。他的臨在給我無比的熟悉感，先前的所有遲疑都煙消雲散了。他伸出結實的手臂摟著我，把我拉進他溫暖的身體裡。我們比肩而坐，我把頭斜靠在他的肩上。

我們靜默地坐著，感受彼此的臨在，讓氣場裡的結塊和阻塞化解，並強化我們合一的臨在。這帶給我極度的療癒感，我的真心隨著愛一起擴張和脈動。我體會與班哲明的這種連結是我一生都在等待的。我曾經嘗試與傑達創造類似的連結，雖然同樣的經驗會發生在兩個來自不同靈魂團體的靈魂，但我現在接受命運的安排，要我在存有的許多層面上，為了靈魂和靈魂團體的成長；為了幫助亞特蘭提斯而與班哲明合作、連結和交流。我對班哲明的接納似乎強化了我們內在深沉的合一。

「我知道我們相遇的方式很奇怪，也知道你對我並不確定。」他說。「我感覺自己好像一輩子都在尋找一個人，但自從遇見你以後，那一股尋找的能量就化解了。我們之所以會在這裡相聚是有目的的。我感覺那個目的就是喚醒亞特蘭提斯和居民們的光。我也感覺我們彼此內在有很多事情可以探索，而那會使我們的靈性知識和理解更為充實。我並不真的知道我們的目的是什麼，或者要啟動什麼，但我的確感覺有股想跟你相處的渴望，好讓我們探索靈魂、白光天人和造物主的引導和神聖計畫。」班哲明說話的聲音無比溫柔，讓我感覺自己的靈魂正在啜飲他的話語。

白光天人的傳送完成以後，我感到疲倦。雖然我想同意班哲明的觀點，但我發現自己徘徊於冥想和睡眠的邊緣。身體有了更放鬆的感覺以後，我中斷了冥想，很快地進入了睡眠的狀態。

娜拉的叮嚀

天使王國不斷提醒我們，要我們記得存有中的神性臨在和它的愛、真理、祥和、至樂等美好特質。為了讓我們相信自己內在也有同樣的特質，天使們始終會對我們散發無條件、無私的愛。當我們的內在能散發神性或愛的振動，就能領悟到，沒有可容小我存在的空間——沒有去相信自己是對或錯的空間，也沒有讓恐懼或氣勢凌人、操縱或毫無作為得以存在的空間。當愛散發而出，自由、擴展和分享的感覺就會升起。天使教導我們要無條件地愛自己，相信自己是特別的、有價值的，並在擺脫我執的情況下接受自己的力量。

練習十二：與天使一起呼吸

大聲邀請你個人的天使，以祂們無條件、無私的愛圍繞你。你有沒有覺察到祂們並不重要。

想像、感知或承認你正把天使的光與愛的振動，吸入你整個存有之中。特別重要的是，要讓祂們的能量飄浮於你的呼吸之流上。

你的重點是經驗、感知或覺知你周圍的愛，同時感覺它在你的存有之中形成、建立。與此有關的感覺有很多，例如，喜悅、溫暖，甚至是心輪開啟的經驗。這麼做會產生龐大的療癒效果。

讓專注於呼吸和愛的臨在之練習鼓勵你擁有融合的觀點、理解和經驗。你與天使的振動正合而為一，其中沒有分離。這麼做會帶你進入深沉又充滿愛的狀態，你可以盡情地經驗這個狀態。記得將愛的能量透過雙腳傳送進大地，以完成這個程序。當你準備好，讓自己扎根於現實。

練習十三：分享造物主的愛

這是一個讓你在日常生活中分享造物主之愛的機會。當你與一個人連結或接觸時，通常會說一句問候語。無論你是否會說問候語，我都要鼓勵你進入存有中那點燃愛的模式，讓它像盞聚光燈般，從你的心靈中心朝著那個人的方向散發愛。你可以把它描述為一句充滿能量的問候語。事實上，你正在啟動存有內在的神性，並公開地向另一個人展示這個神性，即使那個人可能沒有意識到這一點。這個練習會在你的存有中發展成你與對方產生共鳴、連結和感知對方真理的能力，從而在你們之間建立能量的合一。如果造物主的神聖計畫安排你和對方交談，或讓某種同步的情況升起，一切都會從一個純淨的振動裡誕生。如果你繼續邁向人生之旅，你就已經與造物主的一個面向連結，接納對方內在的造物主，同時也承認你存有內在的造物主。就許多方面來說，你的靈性覺醒都與憶起有關。想要憶起你內在的神性，你需要一而再地專注，重新建立你與造物主連結的自然模式。

達到這個目的的方法就是單純地吸一口氣，讓心輪集中於愛的振動上；呼氣，讓能量朝著你選擇的方向散發。這個練習就是這麼快速和容易。

這個練習會鼓勵你對周圍的環境保持警覺、覺察。花草樹木、蟲魚鳥獸或風生水起值得你的認知和愛嗎？它們是造物主的不同面向嗎？我相信是。

練習十四：與樹一起呼吸

我鼓勵你找一棵樹，站在樹枝涵蓋的範圍以外。首先，召喚大天使麥可的保護，接著，把雙手放在心臟的部位。

吸氣，啟動並專注於你存有中的造物主之愛；呼氣，將你的愛送給那棵樹。心裡無聲地詢問樹是否允許你與它靈交，並進入它的氣場。答案可能會顯化為一個念頭、覺受或單純的理解。你只能跟一棵對你的臨在敞開的樹靈交。

右手按在樹幹上，左手放在心的中心。這麼做是要提醒你記得所有的意圖都來自你存有內在那個純淨和愛的空間。

開始與樹合一地呼吸。吸氣，保持你的意圖，接納樹最正面的愛之振動。讓它的能量隨著呼吸流入你的存有；呼氣，在你的呼吸和存有的每一個面向散發你的愛之振動。繼續練習這個程序。

當你容許自己更專注於你創造的節奏、能量的交換時，你可能會逐漸感到自己與這棵樹合一。你將會結合你們的能量，並提高彼此的振動速度，進而允許自己以更大的程度實現光。

若你想結束這個過程，只要把手移開，再專心地把腳牢牢扎進大地就好。

第七章　雅各的揚昇

班哲明和我在樹下露宿，我們撫慰著彼此的能量，並得到這一棵開悟之樹臨在的支持。時間快速流逝，我們的靈魂希望一起享受寂定的時光，恢復能量矩陣系統的活力，並彼此交換重要的意識。白光天人將我們的能量對準祂們的能量那較快的頻率和振動，讓祂們能更輕易地與我們交流、連結。我們開始發展合作的能力，這也讓班哲明和我感受到靈性的親密感。這類似於在我們的能量和宇宙中形成的一幅神性地圖，它會允許共時性就定位。我們的結合讓我們接受了靈魂希望在亞特蘭提斯扮演的角色。

我從平靜的沉睡中醒來，輕輕地擾動了班哲明。日出為美好又溫暖的一天而準備著，大樹周圍長長的青草也在陽光下閃閃發光。班哲明容光煥發地望著我，他的眼裡充滿了造物主的愛，美得讓我幾乎無法凝視，但我的一部分卻渴望這種凝視。

「我想回神殿。」我脫口而出。

「就照你的意思吧，」班哲明說著便站了起來，「我可以陪你回去嗎？」

「可以呀。」一股尷尬的感覺在心中滋長，我感覺想把班哲明推開，在自己的能量裡休息。

我們並肩往回走，穿過高高的草叢，懷著前一晚來時的無拘無束感，沿著小路穿越樹林，慢慢地往山上爬。靜默降落於我們之間，但已經不是合一時的祥和，而是一種似乎顯化為分離之障礙的寂靜。

「你會忐忑不安嗎？」班哲明輕聲問道，希望鼓勵我說出心裡的想法。

「你與造物主或白光天人連結時，是否能經驗到一種包容、滋養、寬闊，又完全充滿你整個存有和感官的愛？是否經驗到一種你不承認是自己，但知道內心深處的愛就是你的一切，知道這個愛比地球上的任何事物都更加真實？當我與造物主連結時經驗到的愛既無比深刻，也會隨著時間和奉獻不斷地增長。我知道我能容許造物主的愛——也就是我自己的愛，從我的存有中流出。它不需要我以任何方式行事，卻會引導我遵循造物主的旨意行事。」

「班哲明，當我與你的能量連結或處於你的臨在之中時，也有相同的經驗。我始終會感覺到一股愛從我流向親人和周圍的人。當我跟你在一起時，即使不是處於冥想或靈性的專注狀態，也會更圓滿、更完整地經驗造物主。我無法真的確定這意味著什麼。我們是兄妹關係嗎？是伴侶或戀人？我從未在一個肉身的臨在下，經驗到這種與宇宙如此連結的感覺。我在你的臨在下有一種手足無措的感覺。」當我試圖表達腦海裡混亂的想法時，我的話語很快就消失了。

「我的確了解，娜拉。」班哲明邊專注地望著我，邊分享他的想法。我如釋重負地嘆了口氣。「我們就像兄妹一樣。我們是一家人，但如果我們願意，也可以成為世俗的戀人。此刻，有很多機會在等著我們。如你所知，關鍵在於遵循你內在的引導。做你感覺最自然、最舒服的事。不要出於恐懼而行動，要出自於愛而行動，再看看你會被引導到哪裡。我們的關係是一趟冒險之旅，因為當我們探索彼此的能量時，實際上是在探索身為造物主的自己。」

「我們之間發生的事似乎獨一無二，但我相信這就是每一個亞特蘭提斯人存在的意義。敞開心，彼此相愛，知道無論我們是獨處，或置身於他人的臨在中，都能經驗我們身為造物主更圓滿、更完整的面向。經驗的強度可能會更大，因為我們來自同一個靈魂團體，而且一起旅行過生生世世。我們也有一個目標，因此我們的指導靈正為了支持我們，而把光傾注到現實裡。娜拉，白光天人昨晚透過你談起這件事——透過造物主之愛的合一經驗——因為我們都認知到，也真正相信地球上的每一個靈魂，都是造物主的一種表達。我們打出生以來就知道這一點，然而，我們現在正以更高的頻率和層面經驗它，讓我們能更完整地體現這個經驗。」

「娜拉，依照你的感覺和被引導的方式，做本然如是的你。讓自己自由，不要被思想侷限。我也會以同樣的方式行事。切記，我們是彼此的鏡映，發生在你內在的，也存在於我的內在，反之亦然。你與任何其他存有的關係、連結或觀察都是一樣的。」閃閃發光的白光神殿映入眼簾，班哲明陷入了沉默。

「謝謝你的提醒，班哲明。我體會到我的能量振動加快了，我會更充分地對準造物主的每一個面向。我感覺認識你讓我接受、採取一種與地球人共存的新方式。這種方式讓我在他們的臨在之中與他們結合，並承認我們之間的熟悉感和相似性。在我存有中這種深沉的成長和覺醒，讓我更充分地憶起自己的造物主身分。」我心中經驗到一種被引導的感覺，促使我在走到神殿最後一層階梯時握起班哲明的手。

我抬頭凝視我那座一走近就會充滿喜悅的美麗神殿，我很震驚地看到雅各側躺在神殿門前。我的心狂亂地跳動，我鬆開班哲明的手，跑到雅各身邊。這是我一直在等待的時刻，心裡懷著輕微的恐懼感，面對著即將要發生的事。

「時候到了，娜拉。」雅各透過心電感應告訴我。我抓著牠的脖子，臉貼著牠灰色的毛皮。

「雅各，你能站起來嗎？我想扶你到神殿裡，讓你得到能量網的支持。」我以心電感應的方式問道。

班哲明用力拉起牠。在雅各的配合下，我們小心翼翼地把牠扶到神殿的中央，讓牠躺在大理石地板上休息。

「你能聽到我們心電感應的對話嗎？」我問班哲明。

「當然能。我們的每一個念頭都能被宇宙和所有的靈魂聽到。只要認知到自己是宇宙和造物主，就能聽到所有的聲音。牠在揚昇嗎？」

「對，我認為是。」我一直沒意會到自己和班哲明正在無聲地對話。

我在神殿門口抓了兩個坐墊，丟了一個給班哲明。我們坐下來，班哲明在雅各的後面，我因為想看到雅各側躺時的眼睛而坐在前面。我們深呼吸，請求與雅各的靈魂和牠當時的神聖計畫連結。我們要求提供服務和引導，讓我們知道該如何支持雅各。大天使麥可進入我們的覺識裡。

「親愛的娜拉和班哲明，請理解，我，大天使麥可，來這裡支持你們。雅各選擇讓你們倆在牠揚昇的時候臨在，並感激兩位現在扮演的角色。雅各的時辰快到了。牠已經精通並學會了靈魂要達成的一切，也更充分地體悟了自己就是造物主。牠透過學習——受到你的啟發，娜拉——現在已經脫離了生死輪迴。這意味著牠不需要再返回地球了。牠告別地球的時間到了。牠的內在層面需要能量，讓牠能在你們面前展開的現實裡扮演重要的角色。」

「娜拉，你和雅各的連結意味著牠未來會以龐大的力量和影響力引導你。雅各即將進入獨角獸王國，以類似於天使王國的振動成為一位獨角獸指導靈。」

「雖然許多人會在體悟了覺醒、愛的意識、心靈精通、解脫，並與造物主合一後，肉身仍然留在世間，但雅各卻因為內在層面需要牠，因而選擇以揚昇的方式離開肉身。你可以看到牠的身體現在正逐漸地衰弱，許多器官功能也在減緩，因為其存有的光和本質——你知道這是指牠的靈魂——正準備從其肉體撤離。不要擔心，雅各沒有痛苦。牠現在聚焦於其本質。在這個本質的空間裡沒有痛苦，只有愛和滋養。」大天使麥可以其溫和、保護性的能量將雅各的情況告訴我們，祂的臨在似乎同時擁抱著我們。

白光天人正將其自身固定於神殿，祂們的白霧之光能從嵌在神殿屋頂上的水晶傾注而下。祂們的能量盤旋而下，在我們周圍創造了一直延伸到天空的光柱。

我輕輕地撫摸雅各的脖子和鬃毛，我的手對牠柔軟、溫暖的身體感到熟悉。牠是我的朋友，一個會讓我思念的真實伴侶。我感覺盈眶的淚水沿著臉頰滾滾而下。我知道雅各會很安全，也知道離開身體並進入光是牠的命運，然而，我能感到失去牠的痛苦在心裡燃燒著，我捨不得讓牠離開。

當我孤獨時，雅各一直是陪伴著我的快樂源泉。牠化解了我孤單時的痛苦，缺少了牠的臨在，某部分的我覺得那份孤單可能會再返回。在我陷入哀傷的情緒前，我意識到孤單是我過去的一個面向。我學會了更完整地經驗那「不再感覺與造物主分離的愛」。我認知到，如果要支持雅各的揚昇，就必須斷除對其能量的執著，並放下牠。這會讓我們雙方的轉換更容易。這最後的認知幫助我體會到，我永遠都會與雅各連結、交流，並讓我們的能量合而為一。我們之間沒有分離，只有我們共同存在的轉換、改變和變更。我深吸一口氣，心裡懷著一個強大的、與我的整個存有共鳴的焦點和意圖：解除我執著於雅各的所有紐帶。我呼氣的同時知道自己在這一刻把牠放下了。吸第二口氣時，我接受自己對雅各的執著只是恐懼和控制欲的外顯，而無視於造物主的神性意旨。身為地球的造物主與控制、操縱或對人發號施令無關，而是讓自己處於一個謙遜、充滿愛的空間，讓造物主透過你來運作。我臣服於造物主，這也是造物主在那一刻對雅各的要求。

「你安全無虞，你有能力在這一刻完全臣服，與造物主和諧共處。」我輕聲地告訴雅各。

「謝謝你，娜拉。你在沒有我的干預下，依照內心的指引，將自己的角色扮演得完美無瑕。」大天使麥可肯定道。「雅各現在了解該如何邁上揚昇之路了。如果你願意扮演支持者的角色，那會鼓勵牠釋放。透過想像或覺知牠的光在擴展，並臣服、與造物主能量融合，你就能跟牠的能量連結。由於牠的靈魂之光與造物主在肉身裡的整合，牠現在可以臣服並進入造物主的空間。在你的支持和天使王國的臨在下，牠即將放下塵世的現實和肉身，完全進入獨角獸王國的光和次元——完全離開牠的肉身。」大天使麥可傳達的訊息啟發了我們的心靈。

我們闔上眼，擴展存有的本質之愛，連結雅各心中心的氣場，並與牠的靈魂之光融為一體。白色的珍珠光彩充滿了我的感官，彩虹的七彩在白色背景的烘托下迎接著我。雅各能量的速度和美每一刻都持續增加。我承認那流入雅各的存有並擁抱牠靈魂之光的，看來就是神性純潔的造物主之光。從闔上的眼瞼之後，我看到當造物主的兩個面向重新結合，其所散發的璀璨光芒淹沒了神殿。我在至樂和幸福中哭泣；雅各的靈魂與造物主的靈魂重新結合，就是我們與造物主的再度結合，因為我們是一體的——始終都與萬物連結。我經驗到造物主的振動流入我存有的更深處，鼓勵我在雅各的臨在下向造物主之光臣服。我感覺自己好像在凌空翱翔，但仍然能覺知到雅各的經驗。

一道耀眼的光芒閃過，彷彿光的振動增強了一千倍，接著，光就消失了。我快速睜開眼睛，看到雅各的最後一口氣離開身體，接著就在祥和中安息了。我直覺地將手放在雅各的心之中心，透過牠的心臟傳送愛，讓愛伴隨牠的靈魂升起，在造物主的次元裡穿梭。

有個影像如同閃電般進入我的心靈：雅各高挺而立，比以往任何時候都更加散發光明。牠的皮毛潔白無瑕，眼裡閃爍著彩虹般的七彩光芒。一道能量組成的螺旋光——新長出來的獸角——從牠的第三眼延伸而出。雅各散發著至樂、幸福和喜悅。

「我回到家了。」牠說。牠現在完全憶起、體驗到造物主和地球以外的世界了。我把第三眼投向牠毫無生命的軀體，感謝這個最美麗、最啟發人心的祝福。

班哲明和我經過一段時間，才從這股讓我們悸動的能量振動裡恢復平靜。我們在寂靜中停留了一陣子，一面向雅各和所有的參與者致敬，一面讓自己扎根大地，以返回地球和現實生活。接著，在社區居民的幫助下，我們把雅各的屍體抬上一艘木筏，任它隨著洋流自由自在地漂離。我們都懷著敬畏、感恩、一體感和昂揚的心情，望著牠的遺體朝落日的方向漂離，一顆熾紅的火球逐漸沉入大海。雅各的揚昇為社區帶來了極大程度的啟發和圓滿感。

娜拉的叮嚀

當你以靈性的視角將自己奉獻給存在時，就會感覺自己是個開展中的偉大旅程之一部分，感覺自己在一個包含地球，並擴展到地球以外的世界裡冒險。共時性、奇蹟與天時地利的巧合，都是造物主神聖之流的一部分。你的每一個經驗都會強化你在意識面上對造物主的覺察，而那感覺就像是魔法。我談過神性計畫展開並引導你前進的經驗，但你也應該掌握另一個重點。那就是，支持他人並允許自己與周圍的人建立神性連結，你對造物主的體驗就會因為承認萬事萬物中都有造物主而強化。

當我們認知別人內在的造物主，也會接受造物主存在於我們內在的事實。

揚昇有許多不同的名稱和多元教義的法門。對我來說，揚昇是個向造物主臣服的過程。你會在揚昇的過程中汲取你對造物主的記憶，並在存有和現實中體現造物主純淨的振動。從本質上來說，這與離開地球和你的身體無關，而是在你的內在和周圍達到一種明白真相的覺知狀態，讓你能與自己、所有人以及萬物和諧相處。任何人、動物或生物都可以揚昇；我們都在持續地揚昇。

事實上，雅各的揚昇並不是在祂完全臣服於造物主與離開身體的那一刻發生的。那是其靈魂在不同轉世裡的整個旅程——每一個覺知的時刻——這就是祂揚昇的路徑和過程。我們覺知的每一刻都是神聖又珍貴的。

練習十五：在獨角獸指導靈的陪伴下揚昇

獨角獸是啟蒙的象徵，正如天使是無條件之愛的象徵。祂們和天使王國一樣，都存在於相同的振動和次元裡。有些獨角獸會以馬的形態存在於地球，而有些則只存在於內在層面。獨角獸最大的工具是從額頭的第三眼延伸而出的能量犄角；能量犄角是協助光合成、表現的工具。獨角獸代表造物主純淨的振動，它能幫助我們體驗靈魂的純真，讓我們接受自己的真理並發展神聖的淨化修煉。

如果你希望連結獨角獸的振動，不妨召喚獨角獸加入支持你靈性覺醒的指導靈社群。有些人已經無意識地召喚著獨角獸，讓祂們在自己的現實裡發揮作用。無論你是否會無意識地這麼做，召喚最合適的獨角獸指導靈前來陪伴你，都會讓你與獨角獸的振動結合。

連結

首先，深呼吸，放鬆身體，在你的內在和周圍創造一個祥和與寂靜的空間。大聲說出：

我從存有和內在層面的愛之空間，召喚最合適的獨角獸存有現身，擔任我的獨角獸指導靈。我敞開心，以愛連接、接納祢，讓我覺知到祢的存在。

謝謝祢。

你或許會，也或許不會立刻覺知到獨角獸指導靈的出現。要知道你被其能量包圍著。你透過呼吸而與那能量連結。你可能會獲得一些洞見、心像或文字，你甚至可以詢問獨角獸指導靈的名字。容許自己無拘無束地探索。

切記，你要相信自己具有溝通、接收能量振動和意識的能力。

淨化

無論你是否能覺知到獨角獸指導靈，請祂將犄角放在你左右手兩側的脈輪裡，在兩個脈輪裡各自創造一些帶有珍珠光彩的小水坑。

把手移到頭上的頂輪，想像光從你的手輪轉移到頂輪。這是一個讓脈輪純化、淨化的過程，同時，那也鼓勵你調整、憶起以造物主形式展現的獨角獸王國振動。

把手放下，想像獨角獸正把其能量犄角浸入你雙手的脈輪裡，讓脈輪充滿了珍珠光彩。把手移到額頭上的第三眼前——可能的話，也移到後面——將能量的焦點轉移到脈輪上，那會讓你經驗到療癒、平衡和純化。

在喉輪、心輪（胸部中央）、太陽神經叢脈輪（腰部上方）、本我輪（腰部下方）和海底輪（脊柱底部）的部位重複這個過程。當光進入你的海底輪時，感覺或引導光往下流動，透過腿輪進入大地。

允許獨角獸再度將祂的光導入雙手的脈輪裡，創造出兩顆光之星。右手向上，左手向下。想像這兩顆星同步流入頭部上方的靈魂之星脈輪，過濾你的靈魂之光和腳下的大地之星脈輪，協助你扎根大地以及造物主在現實中的顯化。

把焦點集中在所有的脈輪上一段時間，經驗淨化、療癒和平衡之振動在和諧中共存。

純真

大聲說出：

我邀請我的獨角獸指導靈，懷著啟動我真心及靈魂裡純真、本質和清淨的意圖，將其犄角放進我的心輪裡，在我的現實和覺知裡顯化。跟我合作，協助我，讓我對存有的真相有更大的覺知，讓我每天都能汲取這一份理解。謝謝祢。

容許自己信任內在那隻獨角獸的覺醒振動之能量。

顯化

大聲說出：

我邀請我的獨角獸指導靈，請祂將能量犄角和振動放進我的第三眼裡。

我要求祂淨化我的第三眼。請賦予我顯化的能力。

讓我們共同創造一個意圖和現實，讓我能以輕易、完美、精確、覺知、掌握和理解新舊成長課題的方式，在揚昇之路上邁進，化解所有不需要的能量模式、習慣和創造，並鼓勵我與造物主那更巨大的合一。謝謝祢，謹此。

讓你的獨角獸與第三眼一起運作一段時間，讓自己專注於在現實中揚昇和靈性成長的過程。讓你所有顯化的想法都來自愛。

知道你可以隨時連結自己的獨角獸指導靈，即使是想到獨角獸指導靈也能讓你跟祂建立連結。你的獨角獸指導靈已經準備好，要陪伴你一起完成靈性覺醒之旅。

第八章　再結合

我從神殿和社區那一片樹林裡的住家出發，前往村子中央的父母家。太陽開始西沉，在天空中揮灑出亮粉色的光芒，彷彿一位畫家以一整天的時間，在地平線的畫布上創作出一幅傑作。我懷著興高采烈的心情拜訪瑪蒂娜和帕洛，因為他們邀請班哲明和我共進晚餐，慶祝我們日漸茁壯的合一。我的心感到敞開、擴張。穿越大自然的每一刻都像是一段莊嚴、神聖和珍貴的時光。所有的人、事、物，包含最平凡無奇的在內，似乎都讓我感到欣喜。我挑了一件深藍色束腰外衣，上面編織了綠松石晶片。我把淡紅色的頭髮披在右肩，又在髮浪中點綴了精緻的粉紅色花朵。

我走近家人和生長的家庭——座落在一棵宏偉大樹上的美麗房屋——看到父母坐在花園裡的一張桌子旁，與班哲明進行強烈的連結和交流。我在花園的外緣停下，在樹群的掩飾下欣賞著眼前的畫面。瑪蒂娜面對著我，手肘搭在桌上，手掌托著下巴，注視著班哲明，不時點頭表示同意。瑪蒂娜往後撥動濃密的頭髮，鮮紅的捲髮落在背部上，散在一側的肩膀上。瑪蒂娜身材苗條、皮膚白皙，嘴唇紅如髮色。瑪蒂娜性格剛猛，但整個人卻散發對眾生的慈悲，包括對他自己。他們對話時，燭光照著他們表情生動的臉龐。

父親坐在母親旁邊。他的體格結實，有淺棕色的頭髮與散發著慧黠的深棕色眼睛。他穿了一件亮黃色的束腰外衣，性格開放、接納和友善。父母親有內斂的智慧，而且有能力深入了解一個人的能量和神聖計畫，那遠超過他們在言談間流露出來的。

班哲明穿了一件淡綠色的束腰外衣，背對著我，但我能感知他在我父母的臨在下流露出來的滿足感。

帕洛望著我的方向，以肉眼和第三眼掃視了一番。顯然他已經感知到我的臨在了。我走出樹叢，快步朝著他們的方向走去，開心地加入他們創造出來的溫暖、喜悅氛圍。

「娜拉！」帕洛喊著並跳起來，給了我一個熊抱。「我們一直盼望你回來。」他鬆開我，讓瑪蒂娜細膩地擁抱我片刻。他淡粉色的束腰外衣在我身邊擺動。

「我們和班哲明一起探索前世，以及神聖內層學校的連結。這對我們很有啟發性。我們似乎都曾受教於愛希斯（Isis）和庫圖彌（Kuthumi）等內在層面的大師。談這些事的感覺真好，因為那會讓祂們的能量跟我們的聚會交織。」瑪蒂娜的臉上洋溢著歡喜之情。

我走向班哲明，但彼此沒有交談。他只是以嘴唇深情地吻了我的臉頰。我們的合一強化著，我能感覺內在的力量隨著他的臨在而增加。

「很高興見到你，娜拉。」他以心電感應的方式給我一個微笑。我回報他一個溫暖的微笑，隨即在他身邊坐下。

在燭光照耀下，我看到桌上的木盤裡擺滿了如彩虹般的美食。看到瑪蒂娜準備了滿桌五顏六色的蔬果讓我的胃口大開，飢腸轆轆。

帕洛以木製容器為每個人倒了一些水。我們個別地向大地之母、自然精靈和造物主謝恩，感謝祂們賜予的食物。我們無聲的祈禱中充滿了感恩和愛。祈禱滲透到食物裡，注入正面的振動，再隨著食物回到我們的身體。我知道這些食物裡飽含了高密度的愛，因為它們都是瑪蒂娜親自在花園裡栽種的蔬果。

我小時候常看見母親和植物交談，以愛滋養它們，並鼓勵它們健康並充滿活力地成長。我從小就吃蔬果、堅果和種子。進入青少年時期後，父母教導我僅須以光來滋養我的身體，不需要再依靠食物了。

他們教導我每天冥想幾次，運用特殊、有節奏的進階式呼吸模式吸收更大量的光，讓身體獲得所有其所需的滋養，以促進健康、活力。那練習需要一段時間才能掌握。我的身體經歷過幾次挨餓的階段，最後才精通光食的技巧，消除了身體必須依靠食物才能生存的程式設定。

對我們一家來說，同桌共餐就是一場真正的慶典。我們在彼此的陪伴中歡慶，歡樂的氣氛在傳遞盤子和談笑風生間盪漾於周圍和我們的整個存有之中。我們聊神殿的生活、瑪蒂娜的菜園、社區裡發生的新聞，以及最近在大自然裡漫步時看到的動物和野鳥。瑪蒂娜會在我們探索完這些話題後，再開啟一個新的話題，事實上，這就是他邀請班哲明和我今晚來此用餐的原因。

「娜拉，你誕生的時候，女祭司們就汲取了你這一世靈魂的神性計畫。如你所知，他們給你的支持，就是把你要達成神聖目的所需的一切能量固定。我沒有告訴你的是，女祭司們問過你的靈魂，帕洛和我需要知道些什麼，才能在你的現實生活中支持你。我們離開亞特蘭提斯中心的家以前，一位我最信任，也是陪伴我和造物主通靈傳訊的女祭司，交給我一本他珍藏並保管多年的卷軸。女祭司將你的靈魂提出來的具體指引都寫在卷軸上。」

瑪蒂娜停頓了片刻，拿出一個泛黃的小卷軸，但保存地完好如初。他把卷軸攤在桌上，兩隻手緊抓著兩邊，以免卷軸回捲。

「我感覺現在是當著你的摯愛之人，跟你分享這個神聖指引的時候了。」瑪蒂娜的視線下移，端詳著桌上的卷軸。

卷軸上寫的語言是我從未見過的。有些文字很像父母教過我的其他語言，但即使我瞇起眼睛仔細端詳，還是無法解讀卷軸上的智慧。我對卷軸的出現與它對我當前的現實可能產生的意義或影響感到困惑。

「我不認得這種語言。」我終於坦承。

「這些是十四次元的白光天人使用的光文字。祂們還有更高次元的光文字，但祂們沒有把那種文字教給你，因為那會解開祂們臨在時的許多智慧來源。那會讓你在探索祂們的能量和宇宙時迷失自己。祂們希望你在亞特蘭提斯的現實裡扎根，擔任固定祂們振動的任務，把祂們和你的造物主面向、真理傳遞給所有的靈魂。」

瑪蒂娜以充滿希望的眼神凝視著我，我能感知到他希望我不會被這個訊息冒犯。

「但你看得懂這種文字嗎？」我試著讓自己處於接納的狀態，不要有被排拒於外的感覺。

「我第一次打開卷軸時，你還是襁褓中的嬰兒。那種語言立刻下載到我的意識裡，好讓我現在能解讀給你聽。我一直專注於研究這個卷軸，以確保我能以最精純的方式把它翻譯出來。」瑪蒂娜篤定地說。

「請你把內容念給我們聽。」我的鼓勵來自一種極為祥和的狀態。瑪蒂娜感激地點頭，深吸了一口氣，開口說道。

「你的靈魂提到一段漫長而祥和的準備期，那是為了讓你有時間培養存有中的靈魂具現——以靈性和神聖存有的身分，享受亞特蘭提斯提供給你的生活的一段時間。為了報答你前世的成就，也為了你的靈魂在這一世後半生承諾的使命，祂們將這段時期當作一份禮物送給你。你的靈魂還提到神聖的再結合、無條件的愛，以及你與另一個來自同一靈魂團體的對等靈魂伴侶之間的結合。你的靈魂把這個存有取名為班哲明。」

瑪蒂娜抬起頭端詳著班哲明，他流露出一副心領神會的表情。

「你們的再度結合需要一份祝福，因為這象徵著白光天人團體的重大轉變，為了讓祂們的能量以龐大的勢能膨脹並滲透進地球。這份祝福也象徵著亞特蘭提斯向內在層面和天堂——我們的家——呼求幫助。娜拉、班哲明，你們的再結合隨時都會發生。然而，這個時機是有意義的，因為你們會像兩塊磁鐵一樣，在亞特蘭提斯發展到高峰時彼此吸引。亞特蘭提斯此後的命運一則會因為愛的匱乏而墮落，一則會因為接納愛而繼續繁榮。如果你們允許祝福發生，就會允許亞特蘭提斯和亞特蘭提斯的整體意識接受來自和諧振動的神聖祝福，以支持我們每一個人內心的愛之振動。」

「你們簽訂過一份契約，要去經驗某種形式的混亂，並接受一些負面的影響，再擔任療癒的光塔，才能將這些能量轉化為愛。娜拉，你的靈魂提到許多亞特蘭提斯人都簽訂過一份契約，願意承受亞特蘭提斯人的業力，因為他們有能力代表所有人釋放、療癒這個業力。你們倆都簽訂了消除亞特蘭提斯業力的契約，但娜拉，你的靈魂警告你，不要因為相信這是你的混亂而有所分心，或執著於混亂，因為這可能會延續到你們在地球上的未來世。」

「你們此時此刻的臨在象徵著不和諧正在亞特蘭提斯顯化，而且可能導致振動衰退。你的靈魂沒有說混亂或亞特蘭提斯的沉沒會如何顯現，但它希望你們的再結合是一個新的開始，為亞特蘭提斯人提供第二次機會，因為大量的愛會為了療癒所有的人而在此地固定。這確實是莫大的祝福。你們的靈魂現在請求你們臣服於你們的道途和其引導，因為你們真的進入了一個服務的時期。」

瑪蒂娜沉默地掃視著卷軸，想查看是否漏說了什麼。

「你們身為父母的角色又是什麼？」班哲明問道。

「事實上，帕洛和我的角色是透過內在的引導和留守在高頻率振動裡支持你們，不要讓我們的心靈或情緒受外在經驗或情境的影響。這是我們作為父母的基礎。我們希望繼續把智慧和力量提供給你和班哲明。我一直在等待這一刻，我知道它的重要性，但又不想面對亞特蘭提斯出現的混亂現實。」瑪蒂娜一五一十地回答我。

帕洛用手臂摟著瑪蒂娜，好安慰他。

「時候到了，親愛的。這就是我們搬來這個避風港的理由之一。它就像一條巨蟒，在多數人沒注意到的情況下輕輕地纏繞，直到我們認知到它的力量。我們現在接收到的警告已經發生一段時間了。現在正是我們面對恐懼的時候，畢竟，混亂的來源只是恐懼而已。」

這是一個充滿愛、希望和悲傷的訊息。這些話語中似乎隱藏著太多的智慧。我發現自己在問：「為什麼是我？我有什麼特別之處？」我知道漢納會說我並不特別，我只是為了扮演許多人已經達成的相同角色而推動著自己前進。

我大笑，因為我知道漢納的觀點是正確的。我體驗到一股鋼杖般的力量在體內增長，這是我不曾有的經驗。我轉向班哲明，凝視他那雙漂亮又充滿愛的眼睛。

「我很希望我們的再結合能受到祝福，也希望我們能結為一對共度現實人生的愛侶。我希望臣服於你——不是因為我知道這麼做會支持亞特蘭提斯，而是因為我接納你是自己的一個面向。看到你的美，我就認知到自己的存有和靈魂的優雅。告訴我，你有什麼願望？」

我存有的每一個部分都洋溢著愛，彷彿每一個細胞都在燦爛地微笑。班哲明流露著慈悲和喜悅，笑了起來。

「我想不出更好的辦法了。讓我們散發歡慶和喜悅的振動，讓我們鼓勵愛將空氣充滿！」

班哲明把我摟進懷裡，緊緊地摟著我在花園裡跳舞，恣意地狂喜，放聲大笑。

「我要開始準備祝福儀式了。」我們回到桌旁，瑪蒂娜與奮地宣布。

「請便。」我笑著表示同意。然而，我還有一個心事。「這個訊息裡還有一個更不祥的註腳，不是嗎？我發現自己很難想像亞特蘭提斯會沉沒並陷入一片混亂，而我們的社區卻像一個充滿愛和高頻率振動的保護區。我從未去過亞特蘭提斯的其他地區，但我總是天真地以為所有社區都跟我們一樣。」我怯懦地笑著說。

「這就是我們和許多人會從中央亞特蘭提斯被送來鄉下的原因。」帕洛提醒我們。「我們搬來這裡是為了保存在神殿裡進行靈性探索時發現的寶藏：智慧、意識、連結和神聖的能力。我們是真理的守護者，也就是內在的真理和造物主的本質。我們都是亞特蘭提斯的光塔。」

「我們真的知道亞特蘭提斯發生了什麼事嗎？混亂會以什麼方式具現？」我問道。

「漢納一直試著以心電感應與許多住在中央區的人交談，想了解正在發生的事。他了解到的是那顯化著的恐懼和分離。」

我們都知道存有內在恐懼和分離的力量，但對大部分文明創造出來的恐懼和分離如何顯化卻感到不解。亞特蘭提斯城內恐懼和分離所顯化的影像，在我們的腦海裡一閃而過。我們四個人的能量振動開始下降。

班哲明以充滿愛的眼神凝視著我。

「這不是我們該揣測或思考的事。我們應該留守在愛的狀態裡。我們的賜福會提醒我們記得愛。」他肯定的話語重新點燃了我們內在的愛。

我們一起討論賜福的計畫，享受彼此的陪伴，這一天的夜晚洋溢著興奮之情。

娜拉的叮嚀

發現卷軸這件事喚醒了班哲明和我內在深處的勢能、力量，並明白我們在地球服務造物主、白光天人，與靈魂在亞特蘭提斯轉世的目的。我們對自己要提供的服務只有非常低度的覺知，但卻感覺靈魂正在體內為即將來臨的時刻做準備。我希望在跟你分享的這一刻，喚醒你對亞特蘭提斯自我的記憶。我也要鼓勵你與這個存有的面向連結，汲取適當的記憶和了解。對亞特蘭提斯有更廣的想像和了解固然很重要，但我希望你先專注於連結亞特蘭提斯的能量，再逐漸進入你和亞特蘭提斯自我的連結。

想像一個代表你靈魂團體的氣泡，也就是造物主的延伸。這個氣泡又形成了十二個氣泡，而你的靈魂就是靈魂團體的十二個延伸之一。你的靈魂和其他十一個靈魂一樣，也會創造出它本身的十二個延伸。

你是你靈魂的十二個延伸之一。其他的靈魂延伸也許存在於地球，或存在於造物主宇宙裡的恆星或其他行星上。為了更充分地經驗造物主的本質，許多靈魂會以這種方式自我延伸。

作為靈魂團體延伸的你，其目的是體現那個靈魂，允許它與靈魂團體和其他十一個延伸整合，進而回歸並與你的真理合一。身為一個靈魂的延伸，你在地球和內在層面上有過許多轉世，然而，每一世都會從靈魂中汲取不同的特質並記錄（幾乎等同於特質）於靈魂中。你可能會進入其他十一個靈魂的延伸，甚至憶起它們就是你自己的靈魂。

由於時間並不存在，你的每一世都是以同步的方式被經驗到的。你在一個轉世裡的經驗會滲透到其他轉世。這個情況是在你感知或憶起過去世時發生的。因此，你在亞特蘭提斯的那一世現在正在發生，但在你當前的現實中，你會感知那是你的過去世。

你在亞特蘭提斯那一世展現的靈魂特質和面向，類似於看到自己不同的一面。靈魂的某些面向經常需要療癒，因此，它會為了完成、了解而進入你當前的現實裡。與前世連結能讓你辨識現實中那些來自前世的模式。你的靈魂很可能會為了充實你當前的現實，希望你發現或療癒亞特蘭提斯自我的面向。這也許就是為什麼你會受到吸引，要與我的能量連結。我們可能在亞特蘭提斯有過連結——或者沒有。無論有沒有都沒關係，因為凡是適合由你來發現的事物，都會向你揭示。

練習十六：信任並保持信心

如果你希望獲得靈魂和前世的啟發、記憶，有個工具會在獲得智慧上提供極大的協助。這個工具就是你對自己的信任、信念和信心。許多人在希望獲得記憶時的第一個聲明，經常是專注於感知到的失能——對這個過程或個人能力的不相信或懷疑。對自己能獲得智慧的能力越有信心，並信任得到的知解（如果你有共鳴），就越容易找到整個經驗。就許多方面來說，除了你以外，沒有人能真正了解你的靈魂經歷過的生生世世。有的人會描述他們看到或感覺到的東西，並以他們的個人經驗來解讀你，但你可以直接汲取，甚至重溫自己的經驗。對自己和能力的信任、信心和信念，以及你的天賦能力，都存在於你可能認知為靈性的精神能量裡。

然而，你的信任、信心和信念，可能因為別人分享的負面陳述，或你選擇要創造並透過重複賦能的負面思想而被侵蝕、削弱。你仍然保有信任、信心和信念，但你卻選擇了會助長負面思想的懷疑心，而非同樣能激發賦能的思想。

我本著這個心念，希望跟你分享一個肯定語，為你與信任、信心和信念之能量重新連結賦能，讓你以正面的態度專注於其上。

想像你的太陽神經叢脈輪（腰部上方）有一團正在深處發光的火焰。讓這個火焰成為代表你信任、信心和信念的顏色。火焰與燃料類似，它是滋養的力量。它承載了你的自信、信心和信念的特質。容許自己接受下面這句肯定語：

我完全、絕對信任、抱持信心，並相信我作為一個神聖存有的能力。

如果你選擇一遍又一遍地念這些話語，或閉上眼睛加以確認，並想像太陽神經叢的火焰隨著每一次重複而增強。讓火焰強大到完全包圍你的程度。

當你感覺這個程序完成了，請求你的脈輪處於平衡的狀態。你會因此充滿信任、信心和信念的力量。

在現實生活裡注意你對自己或能力有所懷疑或失去信心的時候。記住這個冥想和肯定語，將其和你內在的力量，以及對你的本然如是、你對自己能取得成就的正面信任、信心和信念連結起來。

練習十七：與亞特蘭提斯建立連結

深呼吸幾次，讓自己放鬆，進入冥想與平靜的狀態。大聲說出：

我現在召喚亞特蘭提斯的眾天使和娜拉・梅林靠近我的氣場，以愛的能量和振動將我完全包圍。我請求你們將我傳送到亞特蘭提斯北側的白光天人神殿，讓我得以重新連結或覺知我的亞特蘭提斯能量。謝謝你。

把包圍著你的光吸進來，想像、承認或知道你正在進入完全被白光天人那純白之光包圍的神殿。深呼吸，讓自己覺知到周圍的環境。大聲說出：

我請求以符合神性的方式，接收亞特蘭提斯的愛之振動，以及亞特蘭提斯許多存有保留給我的亞特蘭提斯自我的愛。我接受來自四面八方並滲透進我的存有，又同時從我的存有中喚醒的愛，甚至也讓我的亞特蘭提斯自我內在的愛之振動，從我的覺知和感覺中醒來。我讓自己體驗亞特蘭提斯的愛之振動。謝謝祢。

單純地坐著，專注於接受和體驗愛，認知或觀照進入覺知裡的新振動或洞見。

這個練習會為你奠定堅固的基礎，讓你在支持亞特蘭提斯的同時，也讓當前的自我和亞特蘭提斯的自我連結、交流。切記，一切事物都是同步發生的。你的臨在以及專注於你與亞特蘭提斯之愛的連結，也會強化亞特蘭提斯之愛的振動和整體意識。

你可能會瞥見你的亞特蘭提斯自我，但試著單純地專注於你對愛的接納。稍後，我們會進一步探討連結。

盡可能地以你感覺適合的長度和次數體驗這個練習。當你希望回到當前現實時，只要請求亞特蘭提斯的天使[1]，讓你在物質生活裡扎根。接著，專注於透過雙腳，將光呼進大地，以完成你的扎根過程。

1　註：亞特蘭提斯的天使是指臨在並支持亞特蘭提斯文明的天使們。祂們是亞特蘭提斯智慧、意識、愛和光的守護者。你經常是透過亞特蘭提斯天使的支持，才能在更深的層面連結亞特蘭提斯的靈性教義和你的亞特蘭提斯經驗。

第九章 藍鈴草的請願

我盤坐在小河中央一塊突出的石頭上，涓涓的流水聲充滿了我的感官。許多年前，我無意中在社區南邊發現了這塊神聖空間。每當我想要扎根大地並淨化能量時，就會來拜訪這個地方。水的聲音和振動以煥然一新的能量刺激我的感官，這意味著現實生活的新開始。我很快就要以班哲明伴侶的身分展開新的存在了。我希望存有的各個層面都能準備好，迎接不帶恐懼的改變並擁抱愛。流水似乎帶走了我最近才認知的所有面向、觀點和習慣，讓我選擇讓自己被賦能的面向展現出來。現實生活的每一個階段都需要我們放下曾經真正相信的自己，擁抱那些會支持未來經驗的面向。

我想像自己是一個狀似水晶的存有，閃爍著不斷由勢能和內在力量強化的純淨白光。我感覺扎根於真實自我的程度，遠超過以往任何時候。我靈魂內在的力量強度不斷增加，感覺身體似乎變高大了，也強烈感受到自己配得造物主想要提供我的一切。我整體的感覺是自己被賦予了力量，這也是我會被這個神聖空間吸引的原因。現在是我接受、體悟內在力量的時候了，因為我知道我的內在或周圍沒有任何事物能夠減損這個力量。

我知道我的靈魂和造物主希望我和班哲明經驗能量上的合一。我明白如果要讓合一發生，就需要存在並扎根於一個屬於自己力量的內在空間，以確保任何需要的療癒已發生，而我對自己的愛也變強大了。在這種情況下，我不會想從班哲明那裡尋求必須從自己內部啟動的能量和感覺。我也不會因為讓班哲明做背離我意願的決定，或相信我們不平等，而把力量交給班哲明。我知道我可以與班哲明分享的最偉大禮物，就是在跟他分享我的愛以前，先為我對自己的愛賦能。

當我確認愛自己的內在儀式接近尾聲時，一道照進第三眼的靛藍色光吸引了我的注意。我很熟悉這一道盤旋的光，那是我小時候就覺察到的精靈指導靈——藍鈴草。我敞開自己接納藍鈴草的臨在。

「藍鈴草，我獻上我的愛和喜悅以向你致意！」

藍鈴草只會以靛藍色光球的形式出現在我眼前。有時候，我會瞥見祂臉上或手上的一些微小特徵。我知道祂和人類一樣也是發光體，只不過祂會以任何自己希望的形式示現。我從小就選擇以其真實來感知祂，也會在與祂交流時體驗到其能量振動，並看到其光之振動。祂的話語會進入我的心靈，如同從我口裡說出一般。祂從靈魂裡投射出來的聲音頻率會穿過我的第三眼，進入我的思想。

「娜拉，蝴蝶月亮派我來請求你的協助和支持。亞特蘭提斯的精靈王國發生了大動亂，我們迫切地需要你的幫助！」

藍鈴草跟我交流時散發出銳利又有穿透力的能量。祂平常的溫柔、寧靜和童稚般的振動，今天都不見了。

「告訴我發生了什麼事。」我親切地安慰在我能量中的祂。

「精靈王國正遭受著迫害。我們被迫離開地球，放棄我們在大自然裡的角色。」藍鈴草的能量振動變得更加狂亂，聽起來像是從我心裡發出尖叫聲。

「沒有你們這樣的存有，亞特蘭提斯的自然土地就無法存活。你們以光滋養和餵食自然。如果精靈離開地球，自然王國的光和純淨就會減損！這種事怎麼會發生？」我再度要求藍鈴草多提供一些資訊給我。

「我們感覺自己受到負面能量的迫害。據來自亞特蘭提斯中心區傳來的消息，那個區域大部分的精靈王國已經投降了。祂們為了安全起見，紛紛穿過自然界的門戶，返回內在的層面了。我們聽說有一群男女大祭司，已經把他們從星際汲取的能量傳送到一座神殿裡了。他們正在製造機器，想化解使天地、星際和地球、人體與能量體的分離。他們的用意是透過特殊的科技，讓造物主完全地在地球顯化。他們建造了一部可以重新配置地球能量網格和磁場結構的機器。」

「精靈族有一個幫助我們在地球上生存的能量網格系統。男女大祭司們的意圖似乎是友善的，但他們正在關閉地球上的精靈網格。我感覺他們並沒有認知到這個行為造成的影響。地球精靈網格是設計來維持我們的能量，而其遭受著摧毀，所有的生命勢能都從網格、我們的存有中被吸進機器裡，以便用於進一步顯化時的能量。我們感覺自己所知的世界能量結構和安全正在退失，就像我們腳下的地面正在消失。如果地球的精靈能量網格被摧毀殆盡，我們的能量就沒有穩定的錨，我們的存在也將從地球上消失。」

「我知道包括人類、動物、精靈在內的一切存有，都有一個跨越全地球，並內建於一個能量網格裡的模板和錨點。每一個能量網格都是獨一無二的，而且都擁有龐大的生命勢能。它們類似於磁柵，保存著我們的記憶，並維持我們在現實中的存活。」我說出了心裡的念頭。「男女大祭司們想用他們製造的機器操縱精靈網格，卻沒有體會到，這麼做反而關閉了網格。他們的工作會導致精靈界的滅絕，破壞我們美麗的自然土地，甚至造成人類糧食和生命勢能的匱乏。藍鈴草，你知道我能如何幫助你們嗎？」我耐心地等待他回答。許多問題和場景開始在我的腦海裡盤旋。

「代表我們精靈的溝通者——蝴蝶月亮，已經穿過精靈的入口，進入內在層面工作了。祂跟我分享過祂的指示。請跟我一起去精靈入口，並呼喚你的朋友一起來。」藍鈴草懇求道。

我倉皇地從河裡的石頭上爬起，但一個閃失又跌坐回去。我發覺我可以用心電感應通知班哲明，請他召集社區居民，帶他們去神殿附近樹林裡的精靈入口。我與班哲明的能量連結後，觀想他站在我面前，一五一十地說出我要跟他分享的一切，就像我們剛完成了一次心靈對話。他過了一陣子才有反應，但他的話語順著我的能量流進心裡：「娜拉，我聽到了。我很快就會過去陪你。」我感覺班哲明的愛充滿了我的感官。

我從岩石上站起身，走過清涼的河水，來到綠草如茵的岸邊。我停留片刻，在天鵝絨般柔軟的草地上把腳弄乾，接著就挽起淡粉色的裙擺，邁開大步急奔而去。藍鈴草盤旋在前方上空，彷彿要引導我去精靈入口。我抵達圍繞著社區的小路，沿著對角線跑到通往神殿方向的樹林左側。沒多久，就沿著一條灌木夾道的小路，穿過一片開闊的土地，進入了林地。我放慢速度，在樹木裡穿梭，調整爬坡的步伐，找到一條通往目的地的道路。

我感覺到班哲明的能量在我周圍時，其能量進入了我的心靈。

「我正要去你那裡，」他說道，「我帶了一群人來。」

「我們快到了，娜拉，」藍鈴草向我保證。

我的呼吸變得沉重，身體感覺像是承受不了動作的壓力。我笑著對藍鈴草點點頭，深吸了一口氣。

我差一點就撞上標示著精靈入口的大型紫水晶尖端。我放慢速度，彎身調節呼吸。我抬頭環顧周圍環境，看到從入口的中央散發出來的五彩光圈。紫水晶的尖端正對著入口的中央，乍看像是從紫水晶的尖端延伸而出。光波湧進樹林，這意味著入口堅固，而且是開放的。我注意到許多精靈在入口的中央盤旋，有幾個迅速衝進入口中央，消失後又現身。這裡呈現出沮喪和不確定的氣氛。

「這個區域裡的許多精靈都為了安全而飛往入口，還有許多其他讓精靈存有進出的入口，但有些已經開始關閉了。你在入口中央看到那些進進出出的精靈，是為了要確保入口維持穩固、開放的狀態。」藍鈴草解釋道。

我聽見樹林裡傳來漸大的腳步聲，直到一群熟悉的面孔將我包圍，祂們衝過來，有些還喘著氣。班哲明立刻站到我身邊，臉上的表情和臨在一如往常般寧靜。我發覺他的表情以及與現實互動的能量，始終保持著一分感恩之情。傑達在我的另一邊，這兩個高大健壯的男人，帶給我意想不到的力量。傑達的伴侶莉夏對我燦爛地笑著。瑪蒂娜和帕洛的身邊跟著漢納、瓦奧萊特和阿姆卡。社區許多美麗的朋友在我的周圍聚集，醞釀出一股無條件的愛和支持的氣氛。我們三十多人群聚在精靈入口周圍的樹林裡。

我開始跟這群朋友和家人解釋情況，把藍鈴草告訴我的所有資訊告知他們。許多人問我要如何提供服務，團體中那集體決心的能量越來越大。我轉向藍鈴草，等待祂的指引，接著轉達祂的請求：「請幫助我們重新啟動地球的精靈網格，讓它抵消那正在發生的破壞。」

「娜拉，我有個主意。」班哲明說。「你還記得那一棵固定白光天人振動、光和意識的樹賈柯利嗎？我的靈感告訴我，我們可以透過賈柯利喚醒亞特蘭提斯所有的樹木，再透過樹木的能量網格，將白光天人的能量傳送出去。我們要保持意圖，讓光溢流、穿透精靈的能量網格，促使祂們的能量淨化，並啟動亞特蘭提斯所有區域的網格。白光天人的能量會穿過樹木而固定並帶來療癒，也能提高亞特蘭提斯的振動。」班哲明說完後沉默不語，讓在場的每個人消化他說的話。大家幾乎在剎那間異口同聲地表示同意。

「娜拉？」班哲明凝視著我，想在我的眼裡尋求接納和贊同。

藍鈴草朝著我散發愛和肯定，我點頭表示同意。

「班哲明，我會和大家一起留在入口。你帶大家去賈柯利那裡啟動網格好嗎？」

班哲明俯身親吻我的額頭，接著一個轉身就上路了。賈柯利的位置幾乎與社區上方東北側的入口成一直線，班哲明拔腿奔足，想盡快到達樹的位置。我望著他們全部離開，消失在周圍的樹林裡。

我再度落單，頓時有股孤獨感。我體會到被所愛的人和朋友包圍才是我最大的享受——看見、感知和承認造物主在每一個人身上迸發的神聖火花，並體驗到愛的互動。我放下心中徘徊不去的寂寞，將注意力轉向藍鈴草。

「我該如何為你服務？」

「娜拉，請坐在精靈入口前面，與所有的精靈連結，允許自己代表精靈界維持入口的開放。」

「你只有這個要求？」我有點不可置信地問道。

「目前是。」藍鈴草回答。

我舒服地坐下，凝視著入口，召喚白光天人透過我的存有進入入口。頓時之間，白光閃過我的全身，湧進了大地，從我的心輪進入入口中央，並開始擴大其能量場，增強其光芒。我能感覺自己變成光的入口，與精靈的入口融合為一。

「好，娜拉。現在就跟班哲明連結。」藍鈴草鼓勵我。

在沒有任何念頭或意圖的情況下，我接收到班哲明的影像。他已經到達賈柯利那裡了。當班哲明召喚白光天人的能量通過賈柯利時，整個團隊都震驚地站著。

耀眼的白光在樹幹上下脈動。光芒在枝葉間穿梭、閃爍，在樹的周圍形成一道白光的氣場，一直延伸到大地之中。我看到每個人的臉孔都被賈柯利散發的光輝照亮了。

班哲明迅速轉身面對眾人，要他們找一棵感覺在吸引自己的樹，並與樹的靈體合作，將白光天人的能量和意識吸入其存有之中，模仿賈柯利的模式。班哲明記起他與賈柯利第一次的合一，鼓勵眾人找那些想要提供服務的樹，並提醒樹木記起，任何事物都有與造物主圓滿合一的能力。

我看著團隊散開，開始與周圍的樹木交流。有些人會立刻找到願意提供服務的樹，有些人則需要經過幾番溝通後，才能辨識出一棵願意服務的樹。一段時間後，我看見幾棵樹幹之間閃過一道光，漸漸地，純白光充滿了幾棵樹，進入了樹根、樹枝和樹葉。樹木快樂地沐浴在天界的振動裡。

藍鈴草將我從心像裡喚醒，督促我開始工作。

「娜拉，把你正在引導的光聚焦於地球上的精靈網格系統。」

為了讓白光天人的光從我的心裡流進入口，我將注意力集中在已流入大地的能量上。我以意念將其導向地球的精靈網格系統。我不知道網格會是什麼模樣，也不知道它在哪，又離我多遠。單純想像純白之光是條從我的存有流進大地的液狀光河。我抱持著強烈意念，希望抵達精靈網格系統的光，能再度澆灌、恢復、啟動精靈網格系統。

我想像光在整個亞特蘭提斯湧動的情景。

班哲明和團隊的影像湧入我的心靈。團隊要求樹木與其他的樹木連結，並將光傳送給亞特蘭提斯所有的樹木。純白之光點亮了大面積的樹群。我們像在天上翱翔的鳥兒一般，俯瞰火光從亞特蘭提斯大地往南方一路蔓延，將每一棵樹木都變成燈火四射的光塔。白光照進大地和天空。我從未在地球上看過如此壯觀又燦爛的白光！這種美麗絕頂的景象讓我留下了深刻的印象。每一棵樹都回應著我們的請求和意圖，也接受了白光天人。

如此臨在於地球的光，讓我感受到團隊熱切的意念，就像一個穿越時空的聲音，鼓勵樹木分享它們收到的燦爛光芒，再分配到精靈網格系統裡。當樹裡散發的光開始與地球的精靈網格系統一起合作時，光的強度也稍微減弱了。我能感覺到每一個人都深吸了一口氣，彷彿在等待網格的回應，確認我們英勇的行動正發揮著效用。當我們在靜默中等待，我能感知到存有內在的渴盼和希望。

我的注意力隨即像被磁鐵吸引般，回到前方的入口。我睜開眼睛，看到數百個不同顏色的光精靈從入口飛回來。祂們朝我飛來，越來越多精靈飛回入口。我被一些閃閃發光並在我周圍盤旋的光球包圍著。

「精靈回來了！」我歡喜地喊道。我的喊叫聲傳到團隊那，確認了大家努力的成果。聚集的精靈逐漸散去，這一幕也迎來更多從內在層面返回地球的精靈。

「娜拉，精靈網格已經重新啟動。精靈們現在可以將祂們的能量固定於地球，繼續執行祂們的目的。希望你知道，你和朋友從白光天人那裡傳導的光與樹靈的支持，都傳送到了中央神殿。你們組合起來的光所發揮的力量，將那部解除精靈網格功能的機器融化了。娜拉，我代表眾精靈感謝你回應我們的請求。」藍鈴草在我的第三眼前盤旋，以靛藍光穿透我的心靈，公開表達祂的感激之情。

「我隨時會在這裡為你們所有的精靈服務。我非常愛你。」我告知藍鈴草。

等待了一段適度的時間——直到我感覺入口強大得足以維持在開放的狀態，可讓最後一個精靈通過為止。接著，我打起精神，慢慢走向賈柯利，相信可能會看到其他在等我的人。我略帶疲倦地在樹林中穿梭前進，讚嘆著我們的成就——重新啟動精靈網格，拯救自然王國和精靈免於一場災難。這一切發生得太快，然而，引導和支持卻無時無刻地伴隨著我們。我感受到強大的愛和祝福以許多方式包圍著我。我沉迷在自己的思想和記憶裡，幾乎和班哲明撞個正著。

「娜拉，我正要過去找你。我以為你還在精靈入口。」班哲明說，一面把手放在我的腰部。

「恭喜！我看到你對團隊和樹木所做的一切。太美了。想到我們做出的改變，真是令人驚訝。我和精靈們的工作已經完成了，所以才過來這裡找你和其他人。」我與奮地分享，心裡沸騰著對班哲明的愛。我們透過心電感應的連結、合作無間，強化了我對造物主為了讓我們彼此支持以及對亞特蘭提斯的支持，而把我們結合在一起的信念。班哲明溫柔、親切地引導我朝賈柯利的方向前進。

「我想，我們可以和賈柯利一起坐著，休息一陣子，並看照那正在發生的能量傳輸。」我們走到樹旁時，班哲明提議道。

他鼓勵我背靠著賈柯利坐下。我立刻感到樹的扎根和臨在平衡了我的能量。我還沒意識到我經驗到了如此高頻率的振動，我還需要再次連結大地才能體現我體內的能量，讓我有意識地臨在。我以更新的能量深深地凝視著班哲明的雙眼。

「你回來了！」他喊道。

班哲明把我拉進懷裡。當我觸及他的皮膚、體溫和手臂的力量時，內心深處爆發出一股深沉的愛之振動，也讓我的每一個感官都充滿了不可遏止的狂喜和歡愉。他以充滿愛的手抬起我的臉親吻著。我的感官在顫抖，能量深深地融入他的體內，彷彿我們的氣場、身體和靈魂已經融為一體。我們被提升到造物主的天堂，進入造物主至高無上又充滿活力的光中，祥和、至樂與一股神性的愛席捲了我們。我更深度地放鬆，存有中的每一個細胞對亞特蘭提斯為我們展開的神性計畫，散發出同意和滿足感。

娜拉的叮嚀

無條件的愛是你擁有、體現的最偉大力量。它是你的勢能、天賦與創造現實的工具。萬物生於愛，也回歸於愛，愛是無可逃避的。當你接受自己是一個充滿愛的存有，認知到這是你自然的永恆存在時，就是把地球神性的現實力量和能力賦予了自己。所有的挫折、痛苦和苦難都會脫落，不再像以往那般掌控著你。當你學會無條件地愛自己時，就是準備接受別人給予無條件之愛的時候。那會提供自由，讓你得以強而有力，並以公開、輕易的方式分享你散發出來的愛之振動。淨化自己並接受周圍和內在的造物主之愛，就會讓你自然而然地進入賦能的狀態。你無法不成為、不表達你的真我。如果不把愛列為首要的，你就會在世界和所愛者面前隱藏自己，為自己創造虛假的身分和現實。

班哲明和我透過支持精靈王國和精靈的經驗，汲取了內在的力量，體會到我們可以改變自己的現實，在別人願意、接受的情況下，轉換並療癒他們的現實。你在現實中並非無能為力的，你是強而有力的，你能為自己和他人在神性引導、支持下進行轉變。

你的亞特蘭提斯靈魂會向你展現靈魂的許多特質——你的力量、愛與愛的匱乏。因此，重要的是要與你的亞特蘭提斯自我連結，並形成連結的關係，協助你在當前和亞特蘭提斯的現實中進行深度的療癒和轉變。

練習十八：與精靈建立連結

這個冥想練習的意圖，是要支持你與精靈王國、你的精靈指導靈建立連結。大聲地說出來或在心裡默念：

我召喚藍鈴草精靈靠近我的氣場，支持我在精靈王國之能量、臨在的圍繞下，體驗祂們美麗而充滿活力的光，在我周圍以充滿愛的方式閃耀。我現在為了與精靈建立連結而選擇吸入精靈王國的光。

在你的第三眼前想像、感知或承認藍鈴草的靛藍色光。將靛藍色光吸入你的第三眼，注意精靈王國以五顏六色的光將你包圍。透過專注於呼吸，知道你正在與精靈王國連結。

藍鈴草，請支持我現在就清楚地接收祢任何適合跟我分享的引導或啟發。我也希望與我自己的精靈指導靈連結，為了讓我承認和接納，請把我的精靈指導靈（一個或多個）帶到我的身邊。謝謝祢。

讓自己處於接納的狀態。你也許會從藍鈴草那裡獲得引導、靈感、符號或心像。祂也可能會把你的精靈指導靈帶來。你可以問精靈指導靈的名字、顏色，或任何你想知道的細節。容許你對自己的接納能力有耐心和信心。

練習十九：與精靈一起療癒

你可以藉由體驗和吸入精靈的臨在，召喚祂們療癒的能量流入你的存有。按照你希望的時間長度，容許精靈們為你療癒。你的靈魂也有強大的療癒振動，你可以懷著意圖汲取它。透過在心輪裡融合精靈和靈魂的療癒振動，你就能將療癒能量想像成從心輪流入地球的光波，並連結地球上所有的能量網格。尤其重要的是，想像或專注於你的療癒之光流入地球的精靈網格系統，並以完整的存有之身分，將造物主的生命和光帶給精靈、自然王國、人類和地球。

練習二十：接納你的亞特蘭提斯自我

你有能力觀看、連結，並與你的亞特蘭提斯自我交流。這就是本練習的目的。這個練習可能需要時間和耐心，才能讓自己敞開心門，接受你自己和靈魂某個面向的臨在。重要的是要消除所有的疑慮，並信任也許會出現在你身上的任何洞見。大聲說出：

我現在召喚亞特蘭提斯的天使和娜拉．梅林靠近我的氣場，以愛的能量和振動將我完全包圍。我請求你將我傳送到亞特蘭提斯北側的白光天人神殿，好讓我重新連結或覺知我自己的亞特蘭提斯能量。謝謝祢。

想像、感知或承認你坐在我的神殿裡，而那裡被白光天人的純白之光包圍。大聲說出：

我現在召喚我的亞特蘭提斯自我走向前，並在我面前現身。

想像或專注於將心中的愛傳送給你的亞特蘭提斯自我，因為他就存在於你的面前。你的光流入你亞特蘭提斯自我的心輪後，又再度回歸於你，在你們之間創造出∞這個代表無限的符號，以作為你的心與愛之能量間的連結。

你也許在亞特蘭提斯度過好幾世，因為亞特蘭提斯發展過三個不同的文明。你沒有必要探索自己所有的亞特蘭提斯身世，最合適的人自然會走向前，並讓你認出。你可以召喚我（娜拉）的能量，來支持、了解你與你的亞特蘭提斯自我之連結。

為了加深你的連結和了解，你可以向亞特蘭提斯自我提出以下問題。一次只問一個問題，並接受任何可能流瀉而出的答案。若沒有答案流瀉而出，切記要無條件地愛自己，再試著提出另一個問題。要知道答案和啟發會隨著神性的時機流動。

- 我的亞特蘭提斯自我是男性還是女性？
- 現在出現在我面前的亞特蘭提斯自我幾歲了？
- 我的亞特蘭提斯自我叫什麼名字？

• 我的亞特蘭提斯自我有沒有參訪過白光天人的神殿？
• 我的亞特蘭提斯自我是什麼模樣？

當你感覺這個過程和連結完成了，而且想要回到物質現實時，就邀請亞特蘭提斯的天使，讓你的能量和任何可能發生在地球物質現實裡的療癒扎根。想像你的每一口呼氣會讓光和能量從身體通過你的腳，流入大地之母。大聲說出：

我扎根大地，處於中心並且平衡，也準備好要繼續我在地球上那充滿至樂的現實生活了。

第十章 祝福

幾天的準備工作完成後，班哲明和我接受祝福的時候到了。社區裡有許多人都經驗過白光天人的祝福，透過我而得到引導，並為他們帶來真理，也公開展示他們對彼此的奉獻和愛。夫妻經常想要在造物主前面展示對彼此的愛，得到宇宙和造物主神性能量的祝福，讓伴侶關係的神性旨意嵌入他們的存有和現實裡。在我的神殿裡得到祝福總會讓我的真心擴張，愛的氣氛和振動似乎在所有在場者的內在得到強化，並在之後幾天的空氣裡迴盪。我也覺知到祝福和儀式似乎提升了整個社區的愛之振動，就像夫妻以他們合一的愛固定了造物主之愛的神聖密室，讓所有人都在其振動裡聚集。

班哲明和我在神殿裡過夜，沉浸在完全的冥想以及與白光天人的交流。雖然我們徹夜未眠，但卻感覺比以往任何時候更有活力、精力飽滿。我們面對面地坐在神殿兩側，背靠著彎曲的牆壁，在黃昏的最後一縷陽光消退時深吸一口氣，進入祥和與有意識的覺知狀態，並召喚白光天人的臨在與我們的能量合作，為翌日黎明舉行的祝福儀式做準備。

我們沒有彼此靈交，而是分別與白光天人合作，進入並把天界的模板、密碼、能量模式、智慧和意識汲取進我們的存有之中。我無法記得自己的經驗，甚至是分享過的智慧，然而，我確實記得我的靈魂在擴張，彷彿一股強烈、熾熱的液狀之光，穿透我的身體，讓我充滿了愛的溫暖。我記得感覺到自己大部分的自我、人格和身分都在消失——以至於有一段時間感覺像迷失了自己，但卻以極其熟悉的方式發現存有的莊嚴。白光天人的能量是我常相左右的伴侶，持續且鮮明地地存在於我的覺知裡。

我站在神殿裡，摯愛之人圍繞在身邊。班哲明在我身邊強力地扎根，漢納站在我前面，對我們綻放著笑容，我覺得自己有如重生，有如一個新生之人，能夠經驗並表達愛。我注意到當我們與白光天人聚集並體驗造物主的愛之密室時，最美麗的愛之舞蹈在我們所有人之間活躍地演出。至樂和真理的祝福，從神性傾瀉進我們的頭腦和真心裡。

我手裡捧著爸媽送的粉紅花束，象徵著他們對我永恆的無條件之愛。花束美得令人傾倒，我指的不是有形的臨在，而是它們從父母那裡帶來的愛穿透了我的真心。我一身簡單純白的禮服，象徵著我的神性和與對造物主合一的臣服。

穿著件純白束腰外衣的班哲明站在我身邊，他藍色的眼裡閃爍著喜悅和感激之情。

我感覺他彷彿乘著一波全然的神性之愛，不斷地上升、加速，沒有任何要停下來的理由。班哲明拿著他最近的精神導師阿姆卡送的一束白花。他九歲那年，父母把他送去當地的神殿，作為送給造物主的獻禮，此後他再也沒有見過父母，甚至不知道父母在亞特蘭提斯的下落。但這件事並不困擾他，因為父母在他小時候留下了一張字條，表明他是造物主的兒子，所以才把他交出，好服事造物主。班哲明手裡的白花，似乎散發著他對造物主所有靈魂和面向充滿愛的服務。我站在他身邊，感到非常自豪，也為了即將得到的祝福興奮不已。

我周圍的每一個人都穿著各種最美麗的顏色，從鮮豔到淡粉。當他們哼出 Om 這個宇宙的神聖之音時，空氣中散發出激昂又充滿活力感的能量。Om 的回聲飛過神殿，落在我和班哲明的身上。祝福儀式拉開了序幕。

接著，漢納懷著高度的自豪、篤定和清明開始致辭。

「今天我們聚集在這座神聖的殿堂，見證娜拉和班哲明在造物主神性旨意的引導、鼓勵下，與彼此在神性的連結裡合一、相愛。我們認知到，他們來自同一個靈魂團體，也是白光天人的具體顯現。當我們集中關注、注意力和意識以見證他們的愛和結合，也要慶祝造物主在娜拉、班哲明和我們所有人心中的愛。娜拉和班哲明懷著把他們的能量和靈魂合而為一的意圖，好體驗這個能帶來靈性成長的結合，同時也表達了對他們在亞特蘭提斯時代的神性目的之尊重。我們作為一個社區、集體，信任娜拉和班哲明對彼此的愛，以及造物主祝福這個神聖結合的神性旨意。造物主的陰陽振動在娜拉和班哲明的內在和關係中變得平衡，我們認知到自己的存有也發生了同樣的和諧轉變。我們的心中知道，白光天人和造物主共同為他們的未來做好了準備。為了讓他們的愛、光和靈魂在存有那所有適當的層次上融合，我們一起給予我們的支持。」

漢納點頭默認，彷彿親自向神殿裡的每一個人發言，他的心中湧出純淨的愛和快樂。他的能量轉移到另一個次元，臉孔也隨之改變。他很快地進入一股深層的平靜裡，準備迎接白光天人為這個慶典所表達的話語。白光天人形成的霧團，開始在我們周圍安定下來，以愛擁抱著我們。

「親愛的娜拉和班哲明，我們是白光天人。我們現在希望引導你們進入神聖的祝福儀式。請你們把手牽起來。」

漢納清晰又響亮地說出了白光天人的話語。他輕輕地伸出手握著我們。當班哲明左掌的脈輪面對天空時，漢納把我的右手放在他的手掌上，讓我們的手掌脈輪疊合。

「請閉上眼睛，將注意力集中於心輪和靈魂所在的位置。當你們被光包裹並沐浴其中時，讓你們的注意力穿透靈魂裡的白光天人振動。容許你們的靈魂從真心往天堂盤旋，並連結造物主振動的核心。當你們個別的靈魂盤旋而上，就會合併成一個螺旋和連結。歡迎伴侶的靈魂面向進入你的靈魂，在內心激發深度滿足的完整狀態。感受你們的靈魂在存有中融合。」白光天人說完後停頓下來。

擴張、興奮和從未經驗過的深沉之愛，在我的存有中脈動，我感到班哲明熟悉的能量完全擁抱著我。它被迎接入我靈魂最深、最私密，我只能略知一二的空間裡。成千上萬的天使親密地靠過來，分享祂們愛的祝福。我感覺宇宙似乎在和諧中融化在一起了。造物主的祝福一股腦地傾瀉到我們身上，我們的能量以更大的強度，螺旋式地上升到造物主的核心。所有人都共享了光、愛、明亮和洞見之禮。我感覺整個宇宙都在歡欣鼓舞。

我能聽到人們在傾洩而下的光裡欣喜若狂的歡呼聲。我想起瑪蒂娜從卷軸上讀到的文字：「班哲明和你的融合，象徵著亞特蘭提斯需要幫助才能維持其高頻率振動。」能量敲打著我們，我真的能感覺到宇宙的回應，它把光傳送到亞特蘭提斯的能量基礎，並透過神殿的水晶將那能量基礎散發到全世界。

漢納再度說出白光天人充滿愛的意識：「我們，白光天人，現在就要在你們的存有中啟動神性計畫。由於你們的結合，我們的啟動現在改變了。你們的靈魂和地球的神性計畫會保有合一的振動。這種啟動類似於在你們體內點燃的火焰，正以整體的方式引導著你們。」

白色、金色、粉色和藍色的火焰，紛紛從我的存有裡迸發，愛從我的深處朝著社區的每一個人爆發。班哲明和我將愛的意識和造物主的模板傳送給所有人。一條紐帶正在形成，重新喚醒了所有人心中的愛。雖然我感覺到這個愛超越我，而且比我更大，但我也只能高興地微笑。

「娜拉和班哲明，我們不需要以任何具體的方式，展示你們對彼此的愛和奉獻，也不需要跟你們共享結合的象徵；但我們選擇回送你們一個放大用的工具。我們要給你們天界的白色光塔，協助你們一起履行在地球上的旅程和使命。在儀式完成的時刻，我們要用以這份禮物獻上我們的祝福。我們將充滿愛的祝福送給你們，並同意你們的結合。」

白光天人的交流完成後，漢納再度透過扎根，讓他的臨在與我們同在。

我停留在一種擴張的狀態裡，直到周圍、內在的能量安定下來，並滲透進我的肉體為止。這讓我覺察到班哲明那充滿了愛的手緊抓著我、支持我。我睜開眼睛，體驗著充滿神殿的美麗光芒和許多凝視著我們的笑臉。班哲明仍然握著我的手，輕輕地把我揣進懷裡，用右臂舒適地環抱著我。當我們的身體接觸時，一股如電擊般的能量沿著我的脊椎往上衝，讓我的心裡充滿了平靜的狂喜。

「我以全部的本質愛你。」班哲明說出他的心意。他凝視著我的眼睛，並以肯定的態度親吻我。我們為彼此創造的愛，像繭一般裹覆著我們。班哲明不用說話，卻依舊能具體化我們的經驗和新的存在。

「白光天人提過天界白色光塔的回歸。你認為祂們的意思是什麼？」我為了保留我們的私密空間而悄聲問班哲明。

他把嘴湊到我的左耳，低聲說道：「我在冥想中受到兩支有著尖端的純白水晶杖啟發。這兩支水晶杖在我心海裡游動了一段時間。它們是白光天人的工具，有能力放大任何我們要顯化的事物。娜拉，威力強大的水晶杖，會在我們共同的旅程中提供完善的服務。」

班哲明低頭看著我們仍然緊握在一起的手。我輕輕抬起手，看到班哲明的掌心握著他剛才描述的水晶杖。水晶杖很美，保有高度和純淨的天體振動。

我輕輕地抓起那支最吸引我注意的白色光塔，宣稱那是我的。班哲明微笑地表示同意。

「你知道，我們是亞特蘭提斯的天界白色光塔。這是來自白光天人的訊息。我們能鼓勵更多人成為拯救亞特蘭提斯的光塔。」他說道。

聚集在周圍的人群想擁抱我們，恭喜我們的結合。班哲明和我小心翼翼地把白色光塔藏進口袋。每一個人都發出愛的讚嘆，希望在這個最神聖的時刻給予愛、接受愛。

漢納把班哲明和我摟在懷裡，說道：「你們共同的旅程開始了，亞特蘭提斯的生存決定在你們和我們大家的手上。好好保管那兩支白色光塔；它們是宇宙的寶藏，是白光天人在危機時給予許多文明的禮物。娜拉、班哲明，我們知道白色光塔是送給我們的祝福。你們要隨身攜帶，好好保管。」漢納警告。

一波有節奏的鼓聲響徹神殿，吸引了每一個人的注意。第二波和第三波鼓聲緊接著第一波鼓聲響起，發出令人振奮的聲音，捕捉了神殿之愛的本質和力量。父親引領著那鼓聲，走到神殿中央，其他的鼓手緊隨在後，帕洛鼓勵大家跳舞。

帕洛高興地大喊，跟所有人分享從真心、內在發出的指引。「讓我們透過歡樂的舞蹈和跺步，將接收到、啟動的愛傳送給大地。讓大地之母和全人類接收我們擁有的愛，並感受它的節奏。讓我們以深度的歡慶，讓娜拉和班哲明對彼此和所有人忠誠的愛扎根於大地，為我們對地球和人類的愛創造新的韻律模式。」

我們難以抗拒地跟隨著帕洛的引導，讓他的心唱著歌，帶領我們前進。每個人都投入行動，在愛的狂喜中跳舞、雀躍、旋轉和跺腳。班哲明把我拉近，想跟我分享每一個片刻。我們興奮地跳舞、尖叫，讓愛流入大地之母那充滿活力的身體和物質形相。祂靠近我們，感激地接受我們希望分享的一切。我們都置身於天堂的狀態裡，並慶祝我們的真理。

一段時間過後，瑪蒂娜和阿姆卡把茶點——美味的水果和純淨的泉水——帶進神殿，分送給在場的每個人，讓我們恢復身體的活力。班哲明和我在釋放、解脫的狀態裡癱倒下來。他背靠著神殿的牆壁，我則完全沉浸在他的能量裡，背靠著他結實的胸膛，把頭依偎在他的脖子上。我感受到的只有至樂。舞蹈幫助所有人扎根，讓我們的身體、情緒和心靈消化接收到的光。

傑達把他給我的水晶頌缽擺到神殿中央，開始演奏催眠般的美聲，強化了我們祥和、自由的狀態。每一個人都跟自己摯愛之人坐在一起，接受傑達的音療。

班哲明和我用剩下的時間陪著我們的摯愛之人，一起慶祝、分享心中的愛。這確實是一次激發愛的經驗。我的心每一刻都在爆發。與班哲明重逢讓我覺得自己彷佛進入天堂，得到了永遠的滿足。我知道我們會永遠在一起，因為這是我們對彼此的誓言。

娜拉的叮嚀

宇宙、造物主、我們的靈魂或白光天人的祝福，不受限於特殊的場合。你可以在現實中的每一天或每一個片刻要求祝福。這就像接收或下載一個急需或適當的能量到你的存有裡一樣。祝福會確認、放大、支持，甚至在現實中顯化神性認為適合你旅程的情境。當你認知到自己值得關注和支持時，這些祝福就是神聖宇宙崇敬你的象徵。

你可以在每天早上醒來時，邀請指導靈、靈魂、靈魂團體和造物主，使你沐浴在神性和適當的祝福中。這象徵著你會立刻對準造物主的頻率，敞開並歡迎造物主在你的存有、現實中提供的神性豐盛和協助。這對祝福你的現實或接受到的所有顯化，也是個美麗的練習。這種性質的祝福可以是單純表達出來的感恩、歡迎、快樂和信任。

造物主隨時準備進行神性的干預、支持、引導，並解決所有的問題或不和諧。我們經常會忘記邀請造物主這麼做，或者，有時候，會太執著於不適合我們的環境。當我們邀請造物主進入存有和現實時，就是敞開自己並接納造物主。那是種強大的狀態，會顯化奇蹟般的有益情境。任何形式的祝福都是一份給造物主的邀請，讓祂以超出我們經驗過的方式顯化。

班哲明和我的結合得到祝福後，我們就可以充分運用這個連結，確保我們的關係會永遠受到內在造物主面向的引導。我們邀請造物主成為現實中的一部分，或者更正確地說，我們認知到造物主是我們現實和存有裡的一部分。重要的是要記得，雖然我們邀請造物主與我們同在，但實際上我們是認知到，造物主始終都臨在。

練習二十一：與靈魂伴侶連結

許多光行者希望能連結或經驗他們的靈魂伴侶。專注於揚昇的生活往往是一種孤獨的經驗；身邊有一個比任何人都了解你的人，可能會是你心中一股強大的渴望。靈魂伴侶通常是一個來自你靈魂團體的人，又或者不是，但卻跟你有過多世的連結——一個與你有著深厚連結的人。許多人想經驗他們的靈魂伴侶，因為他們渴望有份完整的無條件之愛。這種對靈魂伴侶的渴望，往往是揚昇的一個階段。對造物主有所領悟，是唯一真正能完全滋養、愛你的源頭，你會感受跟祂有種深度的合一。這種體悟會讓你敞開心，鼓勵你無條件地愛自己。你越是無條件地愛自己，就越能吸引你的靈魂伴侶或一個人進入你的現實，並與你和諧共處，無論是以愛情的形式，或是一份以了解和連結為性質的深厚友誼。

人們經常沒有準備好要去認知，自己可能會有很多的靈魂伴侶。只有當他們愛自己時，才會明白自己在神性上值得擁有這樣的連結。與靈魂伴侶的連結會提供一種深度的滋養經驗，也會顯化為一面鏡子，讓你們在對方身上看到自己。你的靈魂伴侶也許會向你展現你的愛和負面習慣，那可能會顯得困難，並需要一些力量，視情況而定。

無論你是否處於一份關係裡，是否有一些支持你的靈性朋友，你都可以在內在層面與靈魂伴侶那位於存在中的能量連結。有些靈魂伴侶選擇從內在層面支持我們，因此會選擇不轉世到地球，也有一些人會存在於地球上。冥想時在內在層面與靈魂伴侶連結，會為你的靈魂帶來撫慰、支持和滿足，因為這種連結會充實你對自己的內在之愛。這種連結也會讓你們彼此分享智慧和連結。你也會吸引地球上與你在神性上適合的靈魂伴侶。如果你處於一份愛的關係裡，並與靈魂伴侶在內在層面連結，這份在地球建立的關係就不會終止，除非那是造物主的旨意。我跟你分享這個練習的目的，是要消除你想與靈魂伴侶連結的渴望，並且無論你有沒有無靈魂伴侶，都為你帶來療癒和滿足感。

容許自己進入冥想、平靜與寂定的狀態。接著，大聲說出：

我召喚心愛的指導靈、靈魂和靈魂團體，前來看管我靈魂的整合過程。我承認並於存有的深處知道，我被造物主的所有面向無條件地愛著。我承認並知道我無條件地愛自己，也完全接納自己。

我從內在、周圍那充滿愛與真理的空間裡，召喚我的靈魂伴侶（一個或多個），在合乎神性的前提下靠近我、與我連結。讓我感覺到我們對彼此的愛和靈魂的羈絆。我與祢連結的目的，只是要為我的靈魂帶來療癒和滿足，好讓我知道我與靈魂伴侶在愛的連結裡是一體的，無論他們在地球上或在內在層面（另一種說法：我的意圖是透過今天的連結，在神性的時機，召喚一份靈魂伴侶關係或友誼進入我在地球的物質顯化中，讓我在這一生經驗與自己、造物主的某個面向的深沉之愛的羈絆。謝謝祢）。協助我意識到愛的能量，以及需要透過與靈魂伴侶連結來理解的任何啟發。謝謝祢。

讓自己吸入圍繞在身邊的能量。接著也許會有某種存有或能量向你現身，也許你的內在會浮現一段記憶或能量。讓自己騰出探索的空間，信任自己的感覺。完成這個過程後，不需要切斷連結，單純地要求你的靈魂伴侶退後一步，容許你擺脫任何不必要的影響。

如果你想尋求一份愛情關係，不妨召喚一位具有神性潛力且能與你一起在地球上存在的靈魂伴侶。你可以讓自己熟悉靈魂伴侶的能量，如此一來，當你們在地球上相遇時，就會有瞬間的認知和熟悉感。

練習二十二：憶起與亞特蘭提斯的關係

我的目的是要支持你發掘自己的亞特蘭提斯之旅，因此當你進行這個練習時，我鼓勵你在更深的層面，與你之前連結過的亞特蘭提斯自我有再度連接。大聲說出：

我現在召喚亞特蘭提斯的天使和娜拉・梅林靠近我的氣場，將我完全包圍在愛的能量和振動裡。我請求祢將我傳送到亞特蘭提斯北側的白光天人神殿，讓我重新連結或了解我自己的亞特蘭提斯能量。謝謝祢。

想像、感知或承認自己坐在我的神殿裡，身邊環繞著白光天人的純白之光。大聲說出：

我現在召喚我的亞特蘭提斯自我走向前，並在我面前現身。

當你將內心的愛傳送給亞特蘭提斯自我時，想像或專注那個男性或女性的自我。你的光流入你亞特蘭提斯自我的心輪後，又再度回歸於你，在你們之間創造出∞這個代表無限的符號，以作為你的心與愛之能量間的連結。

為了加深你們的連結和理解，以下是你可以向亞特蘭提斯自我提出的幾個問題。大聲說出：

• 啟發、描述或容許我記住我的亞特蘭提斯自我在娜拉的社區，或亞特蘭提斯任何社區裡的地位或角色。

- 協助我憶起我的亞特蘭提斯自我是否有過一段愛情關係？是單身或有過其他關係？讓我看到，我的亞特蘭提斯自我把他的愛引導到何處。
- 我的亞特蘭提斯自我是否存在於家庭裡？我有兄弟姐妹或摯愛的朋友嗎？

遵循內在的引導、靈感或感覺探索一段時間後，專注於將療癒帶給你的亞特蘭提斯自我參與過的所有形式的關係。大聲說出：

造物主純淨、療癒、滿溢的愛穿透我的存有，從四面八方流入我的心之中心，使現在的我能以愛與療癒器皿的身分存在。我散發愛和療癒，進入我面前的亞特蘭提斯自我示現裡，更重要的是，進入我內在的亞特蘭提斯自我。我的目的是療癒可能由我的亞特蘭提斯自我形成的所有關係，以及對方在關係裡的行為所造成的所有創傷、傷疤、疼痛、苦難，以及其他形式的不必要能量。如果有任何這種不必要的能量，投射進我當前的生命和行為之中，我現在要求在我存有的各層面，啟動完整的淨化和純化過程，永遠化解這種不必要的能量。

深呼吸，經驗造物主與你分享的療癒和愛的振動，知道你每呼出一口氣，都會融化所有不必要的能量。

當你感覺完成了這個過程、連結，想要回到物質現實時，只要邀請亞特蘭提斯的天使，讓你的能量和任何也許已在地球的物質現實中發生的療癒扎根。每一次呼氣時，都想像光和能量從身體通過雙腳，流入大地之母。

我扎根大地，處於中心並且平衡，也準備好要繼續我在地球上那充滿至樂的現實生活了。

第十一章 警告

班哲明和我的祝福儀式是個美好、高頻率振動又充滿喜悅的日子，但幾天過後，我感覺亞特蘭提斯的能量振動似乎下降了一些。所有人在祝福儀式裡經驗到的振動讓我們的靈魂翱翔，但第二天的氣氛卻是消極、枯竭，和沮喪的有害情緒。這是我們社區始料未及的，因為在一般的情況下，祝福儀式傳遞的愛會讓我們在愛的舞蹈裡前進很長一段時間。煩躁不安和惡劣的情緒在社區裡造成了前所未有的沮喪。雖然班哲明和我沒有對彼此生起惱怒之情，但我們都感覺到了社區沉重的氣氛。

我們決定自己動手解決，鼓勵整個社區到神殿集合，尋求白光天人和造物主的引導、資訊和療癒。這種負面的烏雲是我們前所未知的，但我們知道如果不採取行動，負面的情緒就會投射、顯化進日常的現實和經驗裡。

我們的社區是一個有深度連結的群體，這意味著我們有顯化許多事物的力量——尤其是當我們結合在同一個意圖焦點上時。社區的某些成員拒絕前來神殿，因為他們聲稱還有更急迫的事要處理。有的人感覺不舒服，甚至有被白光天人背叛的感覺，但他們都無法解釋原因何在。這些似乎都是小我和恐懼製造出的虛假藉口。

班哲明和我向社區傳送最後一個明確的訊息並說明集合的用意後，決定向這個情況臣服。我們前往神殿等待選擇加入我們的居民，而且一進門就想起祝福儀式裡的快樂情景。我們伸出手彼此擁抱，分享結合的快樂。擁抱讓彼此的光提升成更快的振動，我們的能量因此融合為一，感覺恐懼、負面情緒都在擁抱的單純動作下剝落了。我們凝視著對方，選擇看到神性的愛以微笑回報我們。我們享受獨處的時光，因為至今為止還沒有太多時間在身體或人格的層面真正地彼此了解；處於彼此的臨在裡，感覺像是種來自天界，並讓我們倍感榮幸的祝福。

「班哲明，」我語帶試探，聲音在寂靜的神殿裡迴盪，「我不知道該怎麼說，甚至不知道為什麼它會如此強烈、急迫地進入我的情緒和感覺裡，但我感覺我們需要生一個光明之子。我感覺孩子的靈魂已經跟我們同在了。我甚至在舉行祝福儀式以前就已經感覺到孩子的能量圍繞著我。他對亞特蘭提斯有一個強大的使命和目的，並渴望與我們同在。我以前從未想過要讓一個孩子進入這個世界。我一直認為一個獻身於造物主的人不會想到這種事。我現在知道你是神聖之光的存有，我也是。我們是造物主，我們擁有在地球上顯化造物主的神性權利。它是一種結合、創造，是對所有人的認可。

我身體裡的每一個細胞都在觸及這個新靈魂，想要透過結合娜拉和班哲明的能量和靈魂，在愛的合一裡創造出這個孩子。一個合一之子即將誕生於世，幫助療癒、啟發這個現實，將其所有的天界之光固定在地球上。」

我含羞帶怯地低頭凝視自己的腳。我說出了自己所有的感受，而且，遠比我想說的還要多。

班哲明以充滿愛的雙手捧著我的臉，並抬起我的臉，好讓我們四目相對。他的眼神凝重、純淨，充滿精緻的優雅，彷彿對這一切都了然於胸。

「孩子是白光天人所生下的靈魂。我和所有人都深深地愛他、接納他。」他說。我的整個身體在釋放、感激和接納中顫抖。

「不要害怕，娜拉。一切都會很好。我們走在一條被指引的道路上。我們還沒有為了崇敬彼此神聖的性能量和力量而親密地連結。這是一次會帶來至樂禮物的探索性冒險。娜拉，白光天人在你體內播下的創造種子，是孩子分享到的一份贈禮，那會逐漸整合進人類的DNA裡。」

班哲明的保證再度讓我們在深度的層面連結。我們不僅接通了彼此的愛之振動，也認知到彼此的恐懼帶來的是支持，而非批判。

「她的名字是至樂（Bliss），不是嗎？」我淘氣地問道，彷彿我們都對這個最驚人的祕密心照不宣。

「是的。她也來找過我，展示過她的靈魂。我認識她的方式跟你一樣。她不屬於我們，但她會透過我們而誕生。」班哲明的眼裡閃爍著喜悅和風趣。我們像孩子一樣蹦蹦跳跳，表達心裡純粹的喜樂。

天花板中央的水晶開始振動，一股白霧狀的能量盤旋而進入神殿。殿門打開，人們開始湧入，在神殿的地板上舒服地坐下。班哲明和我不再孤單了，反之，社區的許多成員和白光天人包圍著我們，眼中滿是期待地凝視著我們。我們這才體會到在神殿集合的居民之意圖顯化得比我們預期的還要快。

班哲明和我在神殿中央席地而坐。我們手牽手深呼吸，集中能量，透過如入口般的心輪，將我們的靈魂連結。我們很快地一起進入了一個祥和的空間，彷彿正並肩而行。我們的心同步跳動，呼吸也隨著統一的節奏起伏。我們的能量融合，彷彿正進入一口光井。白光天人進入我們的能量和身體，開始透過班哲明和我說出祂們的訊息。祂們以巨大的力量透過我們發出訊息，沒有人能否認白光天人正在神殿裡跟我們一起工作。

「親愛的亞特蘭提斯之魂，我們崇敬並愛此刻存在於地球上的你們。我們必須透過娜拉和班哲明召喚你們的臨在，讓我們一起分享自由的振動，進而將你們送回快樂和喜悅的自然存在狀態。現在是我們分享真理的時候了。真理是你們要了解的神性權利。」

我們的聲音和諧地在整個神殿裡迴盪。我分辨不出班哲明和自己的聲音，反之，我們的合音顯化為新的聲音。所有人都準備接受白光天人的真理，神殿裡一陣騷動。

「這一段時間以來，你們的社區一直是亞特蘭提斯的光塔，維持著亞特蘭提斯人習慣的振動。由於神殿的臨在，你們的社區也扮演了一個門戶，將內在層面帶來的光和智慧嵌入大地。你們居住的亞特蘭提斯接受著深度的療癒，亞特蘭提斯有許多人都知道、了解這是真實的。亞特蘭提斯有許多社區都懷著和你們一樣的目的——為所有人維持亞特蘭提斯的光之振動——然而，亞特蘭提斯中央神殿的力量正在增長。它們的影響力在物質的層面強烈地顯化著。」

「你們都是勇敢的靈魂。你們的靈魂了解正在發生的一切，也了解你們此時存在的目的和角色。我們現在要跟你們肯定地說，你們可以信任自己的靈魂以及愛與光的力量。請拒絕接受恐懼、負面的情緒，因為你們都知道只有專注於愛，才能讓你們的心更廣闊，並能為你們提供服務。」

朋友和家人熱情地應和白光天人分享的意識，神殿裡充滿了溫和的同意聲。我能感覺神殿裡的能量頻率在上升，我知道我們都在療癒，並在白光天人支持性的臨在下放下了恐懼。我們混合而成的和諧之聲迴盪於所有在場者的心中，班哲明和我再度經驗到靈魂團體在我們內在建立的純白之光。

「為娜拉和班哲明的結合而舉行的祝福儀式，其目的是提升亞特蘭提斯的光之振動，帶來療癒與和諧，同時向宇宙傳送一個訊息：強化至高無上的愛和光與地球融合的過程。感謝你們所有人為造物主宇宙提供的能量和空間，讓我們能更充分地與地球連結，提供支持與滋養神聖的光之模板。」

「正如我們所預見的，你們對於接收以及與人類分享的開放性，讓你們成為中央神殿男女祭司的焦點。他們的重點是透過科學的程序和機器，在所有事物之間創造統一，尤其是地球和天堂。這種事不可能實現，而且也會造成地球的整個能量和磁場結構損壞。他們正逐一進入地球和內在層面的所有能量模板，再藉由他們透過模板引導的星際存有傳送能量，並將其塑造為一個整體。透過操縱，他們要求所有的能量模板、網路，以及地球氣場和內在層面立即轉變為造物主。這種事需要時間。充滿能量的模板和網路不是為了合併而設計的，所以其原始存在是空無的。能量的整合和交換透過模板和網路，以漸進的速度發生，因為每個網路和模板都支持、維持物質事物的存在，或使其扎根。這就像是讓樹木的能量網路與水的能量網路立刻融合一樣。這種由直接合成而產生的衝擊，會殺死所有的樹木，並使水源消失。新的創造會顯化，但不會從造物主的真理中誕生，因為它缺乏與造物主神性旨意一致的漸進、嵌入式意圖。

白光天人在我們的肉體深處扎根時，班哲明和我感覺我們的肺在祂們的空氣和光的引導下慢慢擴張。我注意到當白光天人鼓勵大家接受祂們的訊息時，神殿裡的每一個人也同時深吸了一口氣。

「娜拉，白光天人正在把所有人連結成一體。太令人驚嘆了！我們都像一個活的有機體，感覺就像我們不是分離的！」班哲明透過心電感應傳給我的訊息充滿了昂揚的歡欣之情。白光天人繼續心電感應，我感知我存有的核心正以微笑回應祂們。

「就許多方面來說，我們的社區與中央神殿社區都有一個相同的目的，但我們選擇讓所有的靈魂和能量與造物主整合，以進一步顯化造物主的美。他們選擇要透過整合的方式利用造物主的力量，顯化他們的需求和欲望。你們以一個社區為單位，選擇臣服於造物主的神性之流，讓所有的事物都以神性的方式顯化。」

「造物主之流的力道非常強大。一旦你開始操控這個流，能量就會阻塞、停滯，負面的情緒就會因應而生。地球上的每個靈魂都是為了與造物主的神性之流和諧共存而誕生的，而小我的習性就是要汲取、操控神性之流。這麼做只會導致偏離神性的道路。中央神殿的人們希望融合一切眾生、造物主模板和他們的意圖，但融合的速度正在地球上製造災難，因為顯化的過程需要在物質層面上的耐心。由於你們在他們試圖操縱精神模板時毀掉了他們的機器，中央神殿的人一直在向地球、你們的社區傳送恐懼的振動和頻率。」

一個渾厚的男聲打斷了白光天人的訊息。「難道這就是我們在祝福儀式後感到被恐懼淹沒，彷彿無路可逃的原因嗎？」

我快速睜開眼睛，發現發出聲音的是坐在傑達旁邊的阿倫。小時候，阿倫、傑達和我一起學習。我對他知之甚詳。他最近以療癒師的身分，參訪亞特蘭提斯北部不同的神殿，將療癒天賦分享給有需要的人。我花了一點時間凝視所有社區成員的美麗面孔。他們在亞特蘭提斯很重要的時刻與我同在，讓我倍感榮幸。

「中央神殿的人受到星際存有之聲的引導，要為所有人帶來祥和。不幸地是，他們使用聲音的方式不當，反而啟動了人們心中的恐懼和負面的情緒。目前，他們正在向全人類散發聲音的振動。你們已經目睹了它在社區裡造成的負面後果。我們無法在物質層面上聽到那聲音，但能感覺它因為啟動了內心的沮喪和惱怒，從而產生了一種匱乏之感。任何一個連結、接受聲波的人，內心的恐懼都會被具現。對那些有覺知的人來說，這個聲波是清除整個恐懼感的正面過程，因為他們會檢視自己的恐懼，而不會宣稱自己擁有那恐懼。那些對靈性修煉一無所知的人，可能會因為內心升起的恐懼而不知所措，進而認同它，並啟動恐懼，將其具現為造成混亂的現實。重要的是要明白，如果沒有你的允許，別人就無法影響你。中央神殿裡散發出來的聲之振動也是同樣的道理：如果你抹除所有的恐懼，全心全意地專注於愛，那你就只會創造愛。除非你珍視內在的恐懼、混亂和負面情緒，否則你無法將其創造而出。」白光天人回應道。

「謝謝你。」阿倫心懷感激地接受。

「我們白光天人要把淨化之光傳送給在場的所有靈魂。我們邀請神殿裡的每個人在祥和中安坐，讓呼吸自然地流動，並將注意力集中於心輪。我們會同步地在每個人的心輪安放一個純白色光球。當你把空氣吸進光球時，它就會自然地逐漸擴張，擁抱你整個存有和氣場。你們現在都存在於光球裡，也能夠接收到它液狀的淨化振動，讓它在你整個存有中移動。專注於消除所有無益的恐懼和觀點。知道你會讓自己在現實中的每一刻都專注、經驗愛，同時強化你要以愛存在的意願。懷著這個意圖，想像自己在光球中游泳，純白的光像大海的波浪，在你的存有內外流動，並在我們的支持下經驗自由、純化和淨化的過程。」

整個社區似乎都融入了平靜與和諧，彷佛他們所執著的一切都被輕易地拋到一邊。一股甜美的能量在神殿裡顯化。這意味著接納造物主神性旨意的自由和信任——彷佛地球震動了，並因而讓社區重新對位。當每一個人再度接收他們內在的光井，甜美就會因此顯化。白光天人再度透過班哲明和我進行同步通靈傳訊。

「在這種狀態下，我們就能揭示真相：造物主和你們的靈魂始終都會創造一個神聖的計畫。這個計畫會更改、轉變，特別是當人類在靈性進化上被賦予更大的責任時。此刻開展著的道路意味著亞特蘭提斯的沉沒，會比我們預期的更快。」

在我替白光天人通靈傳訊的同時，我認知到自己和其他人的內在，對這句話沒有任何重大的反應。我們都在聆聽空氣中散發的祥和振動。

「我們無法告訴你們亞特蘭提斯何時會沉沒，或會不會沉沒。星際存有和中央神殿的人，正在加強他們合作的意圖和力量。我們知道如果他們的計畫和意圖被實行、具現，就會導致亞特蘭提斯沉沒。許多社區已經離開亞特蘭提斯，前往其他國家，他們計畫在那裡展開和平的新生活。有一些專注於與造物主內在連結的社區，正在撤離亞特蘭提斯，以便為後代保留他們擁有的智慧和知識。有的社區被要求留在亞特蘭提斯，維持那裡的光並進行療癒。如果亞特蘭提斯沉沒，我們白光天人和其他內在層面的存有，就會傳送實體的人類光艙，以光旅的方式將這些社區載往其他次元，接著，再傳輸到埃及之類的地方。我們要求全社區的居民留在亞特蘭提斯，維持這裡的光並進行療癒。當然，你們需要跟隨自己的直覺，這是符合你們靈魂的途徑。無論你們如何決定，我們白光天人都會支持。」

即使是在通靈傳訊的過程，我也會觀照白光天人透過班哲明和我傳遞的資訊。

一個清晰、堅定的聲音，突然打破了寂靜。「這些星際存有是何方神聖，為什麼來這裡影響我們中央神殿的朋友？」阿姆卡問道。

「星際存有無法被命名，因為我們不希望這個社區批判或相信別人的錯誤或不道德的行為，也不希望在你們的記憶裡製造會留存幾個世代的恐懼。你們不需要害怕星際存有，因為我們白光天人也類似於星際存有。重要的是要明白一件事，為了深化學習、探索造物主和擁抱真理，每個人都在地球上這齣美麗劇碼裡扮演了一個角色。」

「世間並沒有一個運作中的邪惡。如果有，那就是人類的錯位、誤解的思想和觀點。不要以邪惡抹黑別人，也不要以正義歌頌自己，因為每個人都要探索靈魂希望你在展開的顯化中所扮演的角色。要知道，當你全心全意地相信愛——以愛來看、感知、感覺、思考和行動——所有的人、事、物都會很好，並顯化造物主一般的神性完美。沒有任何途徑或決定是錯誤的。」

「你有時候並不了解為什麼某些情境會顯化。很多時候，你不需要理解。你需要的是信任、關注自己的直覺。關注愛，因為愛永遠存在於你的內在，也因此會投射到周圍。」

阿姆卡清楚的聲音再度劃破了神殿裡的寂靜。他發自真心地提出他在社區聽到的問題：「白光天人，你們已經提出了警告。我們了解自己必須為了後代的福祉，要在亞特蘭提斯的存亡關頭扮演自己的角色。我拒絕為亞特蘭提斯的沉沒做準備，因為我的準備只會促使沉沒發生。我們要如何提供服務？你對我們有什麼要求？」

「我們對你、對這個社區和造物主的要求不多。我們鼓勵你們跟隨自己的直覺，並謹記你們耳熟能詳的所有靈性教義。使其成為你們的工具，並用來維護造物主之愛的內在之井。我們要求你們每天早上跟我們一起在這座神殿裡集合，專注於一個心像，並懷著強烈的意圖，讓和諧、愛和真理再度存在於亞特蘭提斯的榮耀裡。一起唱誦『愛』這個真言。分享你們當下的心像，以及你們希望在亞特蘭提斯和靈魂之間經驗到的美麗心像。無論眾人同聚或一人獨處，都要確認『愛如海洋，席捲亞特蘭提斯與居民。造物主的愛是我們的現實。所有的痛苦、苦難和錯位都會永遠地被抹除。』」

「我們會按照祢們的建議，以巨大的愛和強大的專注力進行。」阿姆卡代表所有人與白光天人溝通。「我們都愛亞特蘭提斯，也不忍心離開這麼美麗的地方。白光天人，我們允許你們在未來的日子，以神性的方式引導、協助我們。讓我們都成為造物主在地球上的工具和展現。我們崇敬你們此時此地的臨在。」

娜拉的叮嚀

我們都會在人生的旅途上接收到神性的警告——來自朋友、家人、指導靈的訊息，甚至是內心的聲音——要求我們以光之神聖存有的身分，考慮自己的道途、選擇，甚至是欲望和需要。

那警告可能來自生活中一些微不足道的小訊息或微妙經驗，因此，傾聽自己的直覺是很重要的。傾聽周圍發生的生命也很重要。你的生命是你的創造物；你經驗到的任何警告首先都來自你的內在。沉思生活中的訊息以及與你分享的經驗，就是沉思你從存有中創造、汲取的能量、信念和意圖。

有時候，我們的雙眼會被欲望和想成功的需求蒙蔽，以至於忽略了警告，因而錯失改變跑道、創造新視角或療癒內在能量的先機。因應這些小而微妙的警告而調整，意味著不必在措手不及的情況下經驗重大的警告，也不會因為積習難改而無法調整自己已有的觀點。透過沉思來自現實、生命和經驗的訊息，會讓我們隨著造物主的神性節奏和能量流移動而更換路線；因此，一切事物都會輕易、美麗、完美無瑕。苦難、痛苦和負面情緒即使沒有完全消除，也會減低到最小的程度。當我們執著於自己的現實和經驗，而無法看到多樣的前進道路時，就會陷入困境、抗拒真理，無法接納造物主和內在靈魂隨時提供給我們的神性幫助和支持。

有時候，我們無法認知到某些訊息的真相，因為我們執著和涉入現實的程度太深了。當阿姆卡說「我們都愛亞特蘭提斯；也不忍心離開這麼美麗的地方」時，他表達的是不肯放下亞特蘭提斯的執著。他相信亞特蘭提斯是唯一能滿足他的地方，因此不允許自己認知到，其他現有的途徑也能帶來更大的滿足感和快樂。我們都會以某種方式或形式屈服於執著，不願意放下並敞開自己接受美好的新經驗。改變是值得擁抱的好朋友，但你也需要接受改變、敞開自己，沉思所有需求的可行道路。

沒有任何道路是錯誤的，你會在我跟你分享的旅程中注意到這一點。雖然我們似乎有走錯路的時候，但可以信任它是最完美的道路，因為沒有錯誤或失敗，只有正面的學習和了解。

練習二十三：覺察訊息與警告

我鼓勵你覺察現實、經驗、互動，甚至是冥想練習提供並讓你了解的訊息。問自己：「我希望自己覺察到的訊息是什麼？」切記，即使是別人傳遞給你的訊息，也是從你自身流淌而出的。你是訊息的創造者和接收者。

有時候，你還必須要解讀這個訊息的含義。例如，也許你遇到的每一個人都懷著憤怒的情緒。你想如何解讀這個訊息？可能是你的內在有個尚未解決、等著療癒的憤怒。

注意你內在和周圍發生的一切。接著，當你覺察到一個需要關注的事物時，問自己：「我希望自己覺察到的訊息是什麼？」容許任何直觀的訊息或解釋浮現於腦海。或者，你也可以在一天的開始問自己這個問題，並容許自己覺察內在的能量和靈魂為了回應你而放置在現實裡的訊息。

練習二十四：傾聽你的亞特蘭提斯自我

我鼓勵你在進行這個冥想練習時，傾聽你的亞特蘭提斯自我，同時要明白這麼做就是在傾聽自己。大聲說出：

我現在召喚亞特蘭提斯的天使和娜拉．梅林靠近我的氣場，並以愛的能量和振動將我完全包圍。我請求祢把我傳送到亞特蘭提斯北側的白光天人神殿，讓我再度連結或覺察我的亞特蘭提斯能量。謝謝祢。

想像、感知或承認自己坐在我的神殿裡，身邊圍繞著白光天人的純白光。大聲說出：

我現在召喚我的亞特蘭提斯自我走向前，並在我面前現身。

想像或專注於將真心裡的愛傳送給存在於你面前的亞特蘭提斯自我。你的光流入你亞特蘭提斯自我的心輪後，又再度回歸於你，在你們之間創造出∞這個代表無限的符號，以作為你的心與愛之能量間的連結。

趁著你的亞特蘭提斯自我與你同在，提出以下請求：

請陳述或分享你希望在亞特蘭提斯那一世的生命裡，帶入更多覺知的三個領域。我們可以把覺知定義為放大——更充分地感覺或經驗。例如，你希望更充分地經驗和療癒生活中的哪三個領域？請跟我分享。我準備要接受、傾聽你。

你的亞特蘭提斯自我可能想要與人建立更多的連結，更充分地體驗愛，更大程度地觸及自己的直覺，進而療癒、服務、化解疑慮、享受和無所畏懼地生活。你的亞特蘭提斯自我也許希望跟你談論許多不同的領域。要知道你就是你的亞特蘭提斯自我。

你可能想要問自己：亞特蘭提斯自我的話語或解釋是否也適用於你的現實生活。前世的連結和模式總會烙印在你當前的轉世裡，而且經常會在你毫無覺察的情況下上演。

這是你傾聽、了解和療癒亞特蘭提斯自我的機會，同時將覺知帶入當前的現實裡，並化解能量模式。

花點時間傾聽你的亞特蘭提斯自我。你的亞特蘭提斯自我甚至會透過引發記憶的方式跟你交談，因此你要敞開自己，接受它選擇跟你溝通的任何方式，接受你的亞特蘭提斯自我。你也許會想要把覺察到的任何事情寫下來。

接著，以亞特蘭提斯自我讓你覺察到的三個領域，創造三個正面的肯定語。

如果你的亞特蘭提斯自我談到消除恐懼的影響和力量，那你的肯定語就會是：

我釋放內在和他人向我投射的恐懼。愛是我的力量和焦點。

如果你的亞特蘭提斯自我談起渴望與他人一起經驗愛，那你的肯定語就會是：

我接納並存在於我與愛人之間那神性的愛之和諧裡。我歡迎我現實生活裡的愛之美麗交流。

如果你生命裡已經有個愛人了，你可以透過以下的肯定語強化存有裡的愛：

愛從我的靈魂中點燃、綻放。

也許你的亞特蘭提斯自我談到與造物主的連結。你可以把肯定語改為：

我存在於我與造物主的合一裡。我在存有和現實中感覺、感知和體驗造物主。

試著創造三個積極的肯定語，每天盡可能多對自己說，以療癒自己和你的亞特蘭提斯自我。

切記，你要相信重複肯定語的力量，並真正感受到話語的情感，它們才會影響你的現實。你現在成就的、思考的、經驗到的和感覺到的事物，都會影響你的整個存有。你的整個存有包括所有的前生與來世。肯定語是你以種子的形式在心靈種下的意圖。你的靈魂會賦予其能量，再投射進現實裡並讓你得以經驗。肯定語要陳述的是你已擁有你想要的，而且在當下經驗著它。

容許自己認知到你的亞特蘭提斯自我模式如何在當前的現實裡出現。你的亞特蘭提斯自我的需求和已達成的所有療癒，都會在當前的存有中引發相同的療癒。你們是彼此的反射，你們是一。

當你感覺這個程序和連結已經完成，而且希望回到物質現實，只要邀請亞特蘭提斯的天使，讓你的能量和任何可能發生的療癒，在地球的物質現實裡扎根。當你每呼出一口氣，就想像光和能量從你的身體流瀉而出，通過你的腳，進入大地之母。

我扎根大地、處於中心和平衡的狀態，並準備好要繼續我在地球上充滿至樂的現實。

第十二章　播下創造的種子

「我不害怕死亡，」阿姆卡說，「我只是不明白去想我們會死，或不得不離開亞特蘭提斯的意義何在。即使是沉思這件事，也會助長它的發生。」阿姆卡以我前所未聞的方式提高說話的聲音。始終冷靜、鎮定的他，決不會在不戰而降的情況下讓亞特蘭提斯消失不見。

帕洛直接面對他的說法：「白光天人已經提出警告了，阿姆卡。是的，祂們要我們幫助療癒亞特蘭提斯，恢復我們所有人擁有的靈性面、科學面或陽性面、陰性面的和諧。然而，祂們也許在默默地做準備，並要求我們放下對亞特蘭提斯和彼此的執著。也許我們會在放下的過程中存在於一個更有愛的空間裡，進而為地球帶來自由。我感覺地球正承受著巨大的壓力，好像中央神殿的人在塑造、操縱它，要讓它變成非它本然的樣子。我感覺自己的肩膀上承擔著大地之母的痛苦。」

「我也相信中央神殿的人開始操縱人類的模板、能量網路和我們的物質形體。社區裡有許多人都在承受疾病的痛苦，這是以前從未發生過的情況。他們在削弱著我們的身體。」

帕洛感覺阿姆卡試圖緊抓著亞特蘭提斯，催促人們進行冥想、觀想和療癒。「阿姆卡，如果我們強迫情境顯化，我們就和中央神殿的人一樣了。你知道我的意思。我們違背了造物主的旨意，試圖控制造物主。你知道這種能量是無法控制的。」

帕洛和阿姆卡站在神殿中央，大家都驚訝地看著他們。

我們的社區裡很少發生爭論，因為我們沒有彼此爭論的必要。這四天以來，我們始終都在神殿裡冥想、觀想、肯定、通靈傳訊、療癒與聆聽白光天人傳達的訊息。阿姆卡時時刻刻地鼓勵我們專注。我們需要休息、自我觀照、與自己的靈魂同在，才有可能傾聽和療癒。帕洛表達的是我們的疲倦和壓力，而阿姆卡則表達了所有人日益增長的潛在情緒，認為我們的努力並不足以成事。

「我們需要休息，阿姆卡。」筋疲力盡的帕洛放下他「必須要是對的」之需要，並對我們所有人懷有一份慈悲。

「讓我們用剩下的時間休息，專注於自己的需求吧。然後，我們就能在早上煥然一新地重新開始了。」我對人群發言，手臂搭著阿姆卡的肩膀，表示我支持並了解他的奉獻精神和熾熱的意志。所有人都心懷感激地從神殿的地板上站起身，朝著門口走去。就連阿姆卡也釋懷地望著我。「我需要去河邊將恐懼清洗掉。我為了成就啟蒙和精通修持，在神殿裡度過這麼長的時間，但仍然屈服於恐懼。」他對我表白。

我的心因為對阿姆卡的愛而有所回應。看到他如此脆弱、猶豫不定是一件奇怪的事。「你永遠是我們的明師。我們不會批判你，我們崇敬你如此誠實地對待我們。原諒自己吧，阿姆卡。我們深愛著你。我們執著的恐懼現在受到挑戰了，包括我們對造物主之愛的信任在內。」

帕洛和瑪蒂娜在殿門口等阿姆卡，接著便隨著最後幾個人一起離開。我轉向班哲明。「我們該怎麼做？」我興奮地問道。感覺我們好像自由了，眼前充滿了無窮的機會。「嗯，陽光很吸引人，願意陪我一起散個步嗎？」班哲明邊說邊整理神殿，順便把剩下的坐墊移到殿門口。

「我想陪你去。」我抓著班哲明的手。我們關好殿門，走進林地，享受清新的空氣、綠色的大自然，和並肩而行時身體的運動。我們感到年輕又無憂無慮。

我們穿過燦爛、神聖的樹群，感覺它們的臨在並擁抱我們的能量，彷彿創造了安全的繭和通道，讓我們得以共享。

樹靈似乎把我們當成聖杯，以它們的愛充滿了我們。愛隨著我們吸入的每一口氣流動，深入我們的存有和靈魂。班哲明和我的連結在樹群充滿愛的支持下而深化。這就像我們在彼此之間創造了一個代表著內在連結、愛和知識能量的羈絆。

我們的關係之聖杯裡充滿了至高無上的神性愛流。我們能覺知在我們內部建立的能量；然而，我們更專注於討論、分享自己對亞特蘭提斯沉沒的恐懼，恢復人類和地球陰陽振動平衡的希望，以及挽救科技與靈性進化的失衡。我們全神貫注地思考行為、意圖和思想模式可能造成陰陽振動的不和諧，以至於疏忽了我們行進時在周圍交織的魔力，直到我們穿過樹林，進入草地時才發覺。

兩隻美麗的蝴蝶在前面翩翩起舞，牠們的身體緊緊交纏，彷彿每一個動作都在尋求合一。我們穿過草地，突然被無數隻騰空而起的蝴蝶包圍。牠們動作一致地在歡樂中起舞，閃動著令人眼花撩亂的顏色。

「牠們在表達合一，班哲明。牠們以各式各樣形容合一的詞彙填滿了我的心靈。」

「太精彩了！」班哲明喜悅地歡呼著，進一步喚醒了他的真心，發出最悅耳的笑聲。

我們的能量振動加快了。我們透過交談分享了太多的事物。這讓我們感到滿足、純化，並支持我們進入一個人人都珍視的那精緻又祥和的空間。我們沉默地走著，崇敬著在存有中創造的空間。身為彼此連結的伴侶關係，我們經驗到的是如浪潮般席捲而來的擴張，將我們轉換到另類的感知和覺知狀態。

我們進入一大片樹叢，感覺自己像要爆炸了。班哲明的表情顯示他需要坐著，讓自己穩定下來。我同意了，因為我感覺自己好像逃離了肉身，進入了光的次元。我很快就明白我的身體實際上正在吸收更多的光。我輕緩地引導班哲明深入樹蔭裡，想找一個舒適的休息空間。班哲明靠著樹坐下，我在他前方休息，關注著在我們周圍顯化著的，一團越來越大的光旋。

「神奇的事正在發生，班哲明。這一刻，我們受到如此多的支持、引導和愛護。我們休息時，大自然和天界存有就在我們周圍編織出神聖的幾何之繭和光之網格。我感覺樹群向我們傾斜著，想要庇蔭、保護我們。你有看到我們周圍形成的神奇靜修處聚集著所有美麗的存有和光之天使嗎？我們受到的賜福是如此巨大！我們的身體被注入了至高無上又神聖的愛之振動。我感到靈魂在擴張，正要觸及你，班哲明。」我整個存有發出驚嘆。

「我全部都看到、經驗到了，娜拉。那是從我內在啟動的純粹至樂振動。娜拉，請握著我的手。讓我留下來陪你，因為我們周圍的光如此莊嚴，我的心都想飄走了。」

班哲明試著讓自己扎根並與我同在。我們接收到從腳和脊椎底部的海底輪流出的光，我鼓勵他（和我自己）將其呼進大地。我們一強烈地覺知到彼此的臨在，光的強度就立刻減弱了。

「我愛你，娜拉。」班哲明從靈魂裡說道。

「我愛你，班哲明，」我的靈魂無聲地回應他。

那最美的金光聖杯出現在我們前面。聖杯上鐫刻著神聖的光語，述說著造物主神性之愛和合一的真理。它散發出來的愛之光幾乎讓人眼盲。我注意到聖杯被愛之河以豐盈又奢華的方式填滿。愛之河從我們的靈魂流出，彷彿為我們的靈魂創造了一個可以汲取和融合的空間。一束強光從上方沖刷而來，淹沒了我們存有的所有面向，就像閃電輕輕地貫穿我們的存有。至樂的振動懸浮在空氣裡，也從我們身體的每一個細胞裡散發而出。我們抬起頭，沐浴在上方的天界星光裡。

「我是至樂。」那一顆星星向我們傳達訊息。「我是造物主的男神和女神振動之天界合一體。我的振動來自白光天人。我是為了與你們和亞特蘭提斯合一而存在於此。我持有男神和女神和諧之愛的最高振動模板和密碼。」

我們只能啞然驚嘆，感覺這個靈魂如此熟悉，就像是自己靈魂的一個面向。祂的美和神聖的臨在令人屏息。那顆星星穿透我們的存有之光，開始影響著我們的呼吸模式。當我們的靈魂彼此接觸時，我們才真正地覺知到自己的身體。一股渴望對方的熊熊欲火從內在甦醒，呼吸變得有節奏，脊椎由上而下地發出一股至樂感。

物質和精神現實合一的深刻覺知，讓所有的感官都活躍起來，我們感覺到電擊般的興奮。班哲明的手從我的手掌移開，他靠近我，撫摸我的手臂、肩膀和背部。我開始以一種從未探索過的方式撫摸班哲明的身體，我渴望更貼近他，與他融為一體。我們脫掉彼此的衣服，感到周圍的光沉入我們的皮膚和身體裡。

班哲明輕輕地將我抱在懷裡，讓我躺在大地之母的身上。我開始感覺呼吸的焦點從自己的身體轉移到班哲明的身上。我把愛呼進他存有的每一個部分，再吸入他希望賜給我的豐沛之愛。我注意到我們同步的呼吸節奏讓我們的能量彼此重疊。當專注進入了我們共同所在的空間裡時，我們進入了一個由愛形成的聖杯裡。我們帶著覺知一致的動作，輕輕地讓身體合一，開始了神聖的性愛。我們感受到的唯一經驗是純粹的至樂。那一顆叫至樂的星星，將其能量注入我們存有的每個部分。

與班哲明擁抱的那一刻，我們的身體緊貼在一起，我感覺靈魂和真心更加敞開，彷彿在回應那祥和的一刻。我的靈魂把最精緻、如種子般的能量帶到真心的最前端，與生命本身一起無比燦爛地發光。我立刻認知到這股能量就是班哲明告訴過我的，那由白光天人播在我存有中的創造種子。它保留了造物主神性計畫的印記，以及白光天人的意識、智慧、覺知和祂們的療癒模板。留在我真心最前面的創造種子，輕輕地移動到班哲明的心輪，在那裡被他的愛接受、吸入。

班哲明對發生的事情恍然不知，他只是欣喜地倒吸一口氣。「我會永遠保護你。」

他喃喃地對我說。我知道在某個層面上，他說話的對象就是對那顆剛剛才與他的存有融合的創造種子。

我們的熱情再度被激發，感覺靈魂至樂的能量更深入地在我們的身體裡扎根。

「我們必須抓著我們的白色光塔。」我脫口而出。班哲明伸手去拿我們脫下來的衣服，並在口袋裡翻找，直到他找到白色光塔為止。他把光塔交到我的左手，作為我有意接受的象徵，一面輕輕地握著自己的光塔。

我們繼續做愛，速度和深度都在增加，直到我感覺將要孕育的天界靈魂開始整合並在我體內顯化時，一陣光爆充滿了我的子宮和海底輪。愛與至樂充滿了我們存有的每個細胞，將我們淹沒於喜悅和快樂之中。我們手裡的白色光塔隨著體溫的上升而增強。當其充滿了創造的光、白光天人的療癒模板，以及陰陽振動和諧與愛的合一能量，它便在我們的手中燃燒。我的子宮裡充滿了溫暖，我經驗到一次內在的轉變，就像存有的陰陽面向已透過我們創造的能量得到了療癒和校準。我們躺在一起，啜飲至高無上的能量，讓它與我們的存有以適當的方式合作並療癒我們。

能量的強度減弱後，我們穿上衣服，在樹群的支持、保護下休息。我睡在班哲明的臂彎裡，感覺內在升起一股深度的放鬆和滿足感。我們釋放了大部分的壓力，也發生了深刻的療癒，以至於只能在睡眠中恢復。

一段時間過去，太陽開始下山，班哲明在耳邊輕聲地喚我：「娜拉，請醒過來。我想跟你分享我的夢。我覺得這很重要。」

我快速地坐了起來，想聽他描述剛才的夢境。

「娜拉，我夢見回到白光天人星際之家中一間純白之光的密室裡。圍繞著我的是成千上萬個揚昇大師。其中有我認識的，也有不認識的。我感覺祂們正在進行一場神性的會議，好像在做決定、計畫。白光天人就在我前面。祂們很清楚地對我說：『班哲明，我們召喚你來現場，是因為你是創造種子和白光天人模板的保護者。你現在和未來的行動需要你攜帶一些支持性的訊息。你和娜拉神聖的交合得到了我們的引導和支持，因為我們需要你們先真正感受到彼此的合一，再強化你們與造物主的合一。你們有許多低層的脈輪充滿了光，而高層的脈輪已經被喚醒，也啟動了更大的力量，讓你們更充分地對準我們的能量和引導。你們的靈魂透過對彼此的接納而變得更為臨在，內在也已經發生了很大程度的療癒。你們創造了一股至高無上的愛之振動，為你們的存有賦予能量，並滲透到大地之母和白色光塔裡。你們容許分離的障礙剝離，以便你們的男女神面向能夠相互療癒、協調和平衡。同樣的療癒和平衡充滿了你們正在編碼的白色光塔，準備投射到亞特蘭提斯任何一個需要的地方。』」

「未來的某一個時間，你和拉娜也許會感覺自己在引導下啟動了你們的梅爾卡巴

（merkabahs），接著進入亞特蘭提斯的中心，透過白色光塔分配療癒的光。請追隨你們的直覺，因為你們扮演的角色和採取的行動，對亞特蘭提斯的療癒至關重要。在白色光塔的支持下，你們就能與許多人分享創造種子和我們的療癒模板。」

「班哲明，你已經接收了娜拉的創造種子。種子已嵌入你的存有。如此一來，你們就能分享其中的能量和智慧。我們甚至能在這麼早的階段就確認娜拉懷孕了。來自這個靈魂和我們靈魂的至樂振動，是維持高療癒頻率和連結你們內在造物主所必需的。這個靈魂的能量會從你們身上散發出來，將至樂的祝福帶給所有人。」

「請你們珍惜、保護對方，保護你們內在的創造種子與白色光塔。它們對亞特蘭提斯正在開展的旅程很重要。我們也要求你們崇敬每一個人內在的男女神振動所產生的神聖療癒。這種療癒會傳遞給其他人。」

「白光天人說了一陣子，但我感覺已記住並分享了其中的重要資訊。」班哲明如此總結。

「那肯定不是夢，而是一次實際的經驗。我能感受到你話語中的力量和真理。我相信在我們做愛的時候，男女神的療癒過程就開始了。我有一種完整和復元的感覺。」

我心滿意足地笑了。

「娜拉，你懷孕了。」班哲明溫柔地提醒我，親吻著我的額頭。他散發著難以克制的喜悅之情。

「這個消息太棒了。我很高興！我感覺我們得到了很多祝福。我感到徹底地心滿意足。」我可以連續幾天描述我的至樂感，但我要保持臨在、覺知，享受與班哲明在一起的每個悸動和片刻。

娜拉的叮嚀

本質上，班哲明和我透過性愛，替我們療癒自己和為亞特蘭提斯提供服務的意圖下載、啟動並創造了大量的光。兩個有類似意圖和覺知能量的人，當他們的身體彼此協調，任何形式的連結——性愛、單純的觸摸，甚至一起呼吸——都能創造強大的靈性提升和啟動。以深刻且純淨的愛為焦點的性行為，能開啟引發覺醒和揚昇的氣脈，因為它是一種純淨、自然，讓身體和靈性融合的表達。即使是在寂定和專注的情況下與另一個人一起呼吸，你們之間也會創造出足以補充、支持和創造綜合意圖的能量。

我們作為人類和靈魂的設計初衷，就是要相互連結——即使只是知道我們與萬物連結著這個事實。

造物主始終都在我們的內在，我們不曾孤單。與他人結合，即使只是在冥想之中，也會創造能量——事實上，這是在讚美造物主。人類的設計初衷是要透過創造、蓄能和經驗造物主來讚美造物主。

無論是在地球上或內在層面，重要的是消除我們與其他靈魂、人和靈性指導靈連結的恐懼。連結的恐懼通常來自被拒絕的恐懼。唯有你實踐著自我拒絕，你才會經驗到拒絕。這意味著你在日常的生活中並不完全接受、不完全無條件地愛自己。你也許會想練習以下肯定語：

我容許、鼓勵我的本我和靈魂公開地連結，並與愛的神性靈魂分享我的真理。

重複這個肯定語也是承諾要消除你對自己和他人的批判，進而培養充滿愛的接納性、連結和任何形式的交流。你也可能會想在冥想中問自己：「我是否相信自己真的願意與他人分享所有面向，無論是與伴侶的性關係，或只是與朋友的連結和交流？」你相信自己願意與所愛的人、朋友或陌生人，分享如實的自己嗎？或者，那要視情況而定，以及視對方接納你的程度？重要的是了解內在的安全感來自你的自我接納和自愛，因此，你不需要害怕他人或自己的批判。在日常生活中練習自愛和自我接納，能讓你真誠地與他人分享自己。這意味著你願意給予和接受，也就是你願意與造物主分享。地球上的每個人都是造物主的一個面向；每一個人都是生命和愛的寶石。有了自我接納和自愛，你就會敞開自我，接受現實中的奇蹟經驗和能量交換，進而更充分地在你的經驗裡讚美造物主。沉思自己對與他人連結的恐懼，以便你能體會自己需要將多少注意力放在自愛的行為上，例如說出：「我無條件地愛自己。」

練習二十五：下載光與智慧

在造物主的宇宙和你的存有裡，你可以汲取、下載和經驗你在地球上實現目的、存在和夢想所需的一切。事實上，並沒有你無法取得的事物，但有些經驗會比其他經驗更有破壞性，因為它們偏離了靈魂要引導你踏上的道路。當你還不了解靈魂希望你在地球上的道路時，想確定一個經驗或意圖是否不合適或會誤導你，可能會是個挑戰。你遵循直覺的程度遠超過你的想像，特別是當你相信那是真的，而你的行為總會以正面、充滿愛的方式對你的現實有益時。臣服是一種表達接納的良好方式。如果你希望獲得光、支持、智慧和療癒來協助你現在、未來的行為和顯化，那接納就是不可或缺的能力。我想要分享一個簡單的練習，支持你接收所有適合你現在接受、整合進現實裡的事物。

首先，平靜地坐著，深呼吸幾次，讓身心放鬆。

準備好了以後，大聲說出：

白光天人，我召喚祢們的能量和純淨的白光充滿愛地擁抱我。請支持我接收下載的光、智慧、療癒或啟發，以支持我現在、未來的行為和顯化。我已敞開自己，準備好要接收。謝謝祢。

你也許有個需要解決的問題或經驗，因此希望接收支持，讓光進一步照亮你。若是如此，就重複三遍上述祈請文，以意圖將需要解決的問題或經驗視為已療癒完成。不要思考如何讓解決之道出現，反之，你要思考完成、了解和快樂的感覺。

將你的注意力集中在圍繞著你的白光天人能量。感覺祂們的白光隨著你吸入的每口氣流入你的存有裡。想像頭頂的頂輪處有個白色光環。這個光環將純淨的白光、智慧和支持傳送進你的心靈和整個身體，下載了所有適當的光，好讓你接收。

如果你只是單純地想要接收下載的光和智慧以獲得啟發，而無須專注於特定領域（讓你得以被造物主和白光天人所引導），就在重複上述祈請文三次後，專注於那獲得最高、最大潛力之美幾分鐘。將你的注意力集中於接收白光天人的光，直到你能感知祂們的臨在，並進行上述觀想為止。

重要的是想像並信任你正以一種最容易了解的形式，接收所需的一切。雖然你會立刻就接收到，但你可能需要一點時間才能了解其內容。如果你想加強接收能力，不妨以一整天的時間覆誦以下肯定語：

我現在很輕易地接收、了解下載的光和智慧，並以充滿愛的方式支持我現在、未來的行為與顯化。

延伸練習

邀請你的亞特蘭提斯自我存有──其存在你內在，並永遠與你連結──下載他的光和智慧，以充滿愛的方式支持你現在、未來的行動和顯化。你所有的面向已集結美麗的智慧並將其儲存於你內在，那也許需要啟動或邀請其浮現，好讓你體會、理解。你也許會想要說出以下祈請文：

我在白光天人和亞特蘭提斯天使之愛與保護的擁抱下，召喚（亞特蘭提斯自我的名字）的能量和純淨之光。請支持我從祢們下載的光、智慧、療癒或靈感，（亞特蘭提斯自我的名字），請支持我現在、未來的行動和顯化。我敞開自己，準備接受祢們希望從我內在喚醒的智慧、光、啟發或療癒，並公開與我分享。謝謝祢。

想像頭部的頂輪處有個白色光環。這個光環將純淨的白光、智慧和支持傳送進你的心靈和整個身體，並下載所有適當的光，好讓你接收。

練習二十六：關係的聖杯

我們與自己、他人的每一份關係和互動都會創造能量，這是雙方願意分享的能量和智慧的合成體。我們可以把這個合成體想像成一個或空或滿的聖杯。首要的一點是，注意你願意跟他人分享、給予他人多少——無論是陌生人或親人——因為你的一切都反映在自己的現實裡，尤其是你的人際關係。注意你在一天內建立的不同形式的關係。其中有你與親人、朋友、動物、陌生人、大自然，甚至與環境的關係。如果有個陌生人接近你，你會保留自己的能量，或是因為你知道自己始終是安全、受保護的，而試著敞開自己與他分享？即使只是一剎那，你了解這個人正在跟你建立關係或連結嗎？你希望所有形式的連結都能實現嗎？你有認知到自己和陌生人內在的造物主，進而看到足以讓魔法發生的機會嗎？你有認知到這個陌生人是自己的反射，你不會想對自己敞開嗎？

如果你有防禦心，而且你會保留自己的能量，那你們之間就是一個空的聖杯。如果你願意敞開自己，分享、給予和接受，你們的聖杯就會充滿，甚至會因為一段簡單的談話而滿溢。雖然你也許不會再見到那個人，但聖杯就像電池一樣，會讓你和對方在需要的時候汲取，一份富足和被支持的覺知就會隨之成長。

這個互動會充滿你的聖杯，就像你在滋養靈魂，並在內在創造出一個可以汲取的豐沛之泉。

那是關於認知到造物主的流動和豐富，願意為造物主之流服務，好讓你隨時得以大量地汲取。想像一下，你與摯愛之人能透過一個隨時補充能量並啟發你的聖杯，一起創造多少能量。

只要敞開心門，表達自己和接納他人，就能讓你的聖杯將其本身照顧好。試著以一整天的時間鼓勵自己敞開、交流、接納他人，並覺察自己的反應。當你發現自己退縮、感到沮喪，或似乎沒有時間，要知道這只是你在抗拒。觀照你真實的感受：你害怕嗎？或是因為對方的取而不報而使你的聖杯枯竭？

與他人連結和交流時尋求直覺的指引，了解那一刻適合你的是什麼。切記，你給予什麼，就會得到什麼。你接收的意願也會強化你給予的能力。

第十三章　中央亞特蘭提斯

我們一大早就進入神殿，發現漢納盤坐在房間中央，背部挺直，臉色非常凝重。他抬頭看到我們，臉上浮現一抹淡淡的笑容，隨即起身擁抱我們。

「你好，漢納。今天好嗎？」班哲明輕輕地把手掌貼在漢納背部。

「很好啊，班哲明。我在休息，準備迎接明天的療癒和創造。希望阿姆卡今天不會那麼堅持。」他想起阿姆卡不肯讓我們休息的事，咯咯地笑了起來。

我們都笑了出來，但心裡知道阿姆卡只是在反映我們存有中的能量、情緒和恐懼罷了。我們感謝他勇敢地展現了我們的真相。

「娜拉，你懷孕了！啊，太棒了，看到你真開心。」漢納熱情地說道。

「你怎麼知道的？」我震驚地問道。

「我能解讀你的氣場。你氣場的能量模式變了，其中有個新的臨在。我看得一清二楚。白光天人今早也在冥想中跟我分享了這個消息。我很高興。」

漢納的語氣告訴我，他對這個消息並不高興。我感覺漢納已經看到亞特蘭提斯的未來——遠超過他所能道出的——這使他的內在醞釀了一股不安的能量。我存有裡內建的恐懼似乎從胃部升起，緊張和恐懼緊抓著我的身體。班哲明注意到我的能量發生了變化，他站到我後面，手臂輕輕地摟著我。我能感覺到他的愛充滿了我的每個細胞，讓我放下了不斷上升的恐懼。

「我們不只是高興，簡直是狂喜！」班哲明給漢納一個燦爛的微笑。他有一股打不敗的樂觀精神。

「所有人都會用愛祝福寶寶。她已經受到所有人歡迎了。」漢納再度肯定他的喜悅。「請陪我一起坐下。讓我們一起肯定白光天人分享的心咒。其他人抵達後，也可以加入我們。」

漢納引領我們到神殿中央，我們面對面圍坐成三角形。他似乎對我們隱瞞了什麼，不想讓我們以任何方式提出質疑。漢納始終是個開放且願意分享的人。長期以來，他一直是我的老師和指引者，我對他有一種瞭若指掌的感覺。

「愛如海洋，席捲亞特蘭提斯與居民。造物主的愛是我們的現實。所有的痛苦、苦難和錯位都會永遠地被抹除。」我們開始一起唱誦，我臣服於心咒的催眠力，緊張的情緒逐漸消退。

神殿裡逐漸擠滿了朋友、親人和社區裡的其他成員。這為我們的心咒增添了能量、專注和聲音。我們的念頭和意圖結合為一。我能感覺愛的波浪沖刷著我的身體，使脊椎上下顫抖。白光天人圍繞著我們跳舞，將造物主那天界的愛與力量注入我們的心咒裡。亞特蘭提斯的天使和大天使也在場，我感覺祂們在唱一首美妙的搖籃曲，敞開了我的真心，以及已種下的寬恕和感激的振動。

「讓我們在心中接受並保留寬恕的振動。讓我們向所有人和自己傳送寬恕。」我透過心電感應傳達給神殿裡的每一個人。「寬恕是關鍵。不要忽視任何一個眾生。讓我們與所有人分享寬恕。」

一股巨大的桃紅和金色光充滿了神殿，旋轉並撫摸每一個人。隨著光的強度增加，寬恕的能量湧進神殿的水晶，觸及並連結了亞特蘭提斯的一切。能量似乎完全充滿了我，彷彿將我傳送到了光的新次元。我的第三眼張開，我只能看到凝視著我的班哲明。班哲明伸出手，要求我緊抓住他的手。

「發生了什麼事，班哲明？神殿和居民都去哪了？」我以心電感應告訴他，一面握著他的手，好讓我們不會分開。

「我們在旅行啊，娜拉。環顧一下你的四周，一定是我們的梅爾卡巴被啟動了。」班哲明興奮地跟我分享。

我對班哲明的話深信不疑，開始環顧四周。我握著他的手，感覺更臨在、專注。我們好像搭乘著一個能量艙在旅行。雖然我們已經啟動了各自的梅爾卡巴，但它們似乎重疊在一起，創造了一個讓我們能置身其中的繭。我能看到身後的神殿——綠色草地上的白色光塔——以及它背後波光粼粼的海洋。

我認出了周圍的環境。我們彷彿在魔法的作用下進行空中旅行。我沒有害怕的感覺，因為小時候跟漢納一起乘著梅爾卡巴旅行過很多次。我感覺現實既真實又如夢似幻。

「如果你願意，我們可以加快速度。」班哲明開玩笑地說。他知道我們可以隨心所欲地以任何速度前進。我們要做的就是保持意圖。

「你覺得我們正在前往亞特蘭提斯中央嗎？」我問他。

「我們有意圖，也在創造這個經驗。這一定是從我們靈魂的深處面向流出的，所以，是的，我相信我們要去那。你能看到一個閃閃發光的巨大碎片突出於天空嗎？那是鑲在亞特蘭提斯中央主神殿天花板上的水晶。」班哲明一手指著遠處。

「漢納曾說那個水晶像亞特蘭提斯的地球之星[1]。在亞特蘭提斯的任何一個地方，都能感受到它無遠弗屆的光芒。」

我回想起中央神殿精彩的故事。小時候，我希望有朝一日能成為在神殿裡工作、生活的女祭司。

「它現在似乎沒那麼亮了，對嗎？」班哲明陷入沉思。「你沒發現我們離得越近，天色就越黑嗎？看起來好像要天黑了！」班哲明驚呼道。

厚重的烏雲彷彿回應著班哲明的召喚，將我們包圍，遮住了我們的視線，就像夜幕降臨了。沒有星星，也看不到月亮女神。孤獨和剝奪感如斗篷般，覆蓋著我們的梅爾卡巴。

「快把你的白色光塔拿出來！」我尖叫著，緊張和震驚在身體裡脈動。

我們把手伸進口袋，握緊水晶白色光塔，以塔尖指著前方。我們在心裡集中意識，再將能量傳輸到白色光塔，好為我們照亮路徑。燦爛的光驅散了一些烏雲。不過，這只是來自我們光塔的光。我們稍微彎身，將光塔當作火炬，開始搜索腳下的土地。我

1　註：水晶的用途和角色最像人體脈輪系統裡的地球之星脈輪。位於腳下的地球之星脈輪具有扎根、固定和在肉體裡顯化靈魂能量的作用。地球之星脈輪會支持接受、經驗光和意識。同樣的，水晶有助於將造物主的本質固定於亞特蘭提斯，讓所有亞特蘭提斯人存取和探索。

們本以為會看到迷宮般的建築物和通往亞特蘭提斯中央神殿的曲折小路，反而看到滿地的瓦礫和碎片。成堆的石頭散置在半倒的房屋和小路上的斷樹旁。圍繞中央神殿那座清澈卻如迷宮般的城市，已經被城裡的居民完全遺棄了。

「這裡不太對勁，娜拉，顯然像發生過一場戰鬥。這裡的能量有種高度壓縮、恐懼和控制的感覺。」班哲明低聲地說。

「我一直看到閃爍的心像，人群在恐懼中逃離城市，跑到鄉下尋求安全。看了令人傷心。」我試著不因亞特蘭提斯人而流淚。

我們讓白色光塔照射前方，以查看一些比周圍城市更大、更宏偉的複雜建築。我們走近大廳和男女大祭司祭拜的聖殿，中央神殿銳利的水晶碎片就懸掛在我們頭頂。我們驚訝地發現，中央亞特蘭提斯男女大祭司的建築毫髮未傷。建築物完美無瑕，外牆閃閃發光。

「力量和控制都停留在這裡。」班哲明肯定地說，語氣中略帶恐懼。

我們在空中盤旋了一段時間，俯瞰下方的中央神殿，向我們的靈魂和白光天人尋求指引，想了解那一刻我們需要達成或知道些什麼。

「藍鈴草說，星際存有影響著中央神殿的男女大祭司。他們希望透過機器創造天地的合一，認為機器比靈性修煉更快、更容易。我沒看到星際存有。」

我讓白色光塔的光束延伸，掃描著大廳屋頂和周圍的天空。我以為會看到太空船的閃光或經天空傳來的訊息。我從未見過太空船，但我聽看過的人說起許多相關故事。

「什麼也沒有。感覺這裡好像已經沒有人了。我感覺這裡像是座被遺棄的空城，你不覺得嗎？」班哲明問道。「沒錯！」他的叫喊聲讓我們倆都感到驚訝。「白光天人說，我們可能要去訪問亞特蘭提斯的中心，透過白色光塔進行療癒，甚至可能要分享那顆被植入我們存有中的創造種子。我感覺這就是我們會來這裡的原因，娜拉。」

他轉過臉面對著我，等我的回應。我幾乎看不清他的五官。

「班哲明，天色越來越暗了！」我的聲音裡充滿刺耳的恐懼。

「黑暗正在靠近你們。」我聽得出是白光天人熟悉的聲音。「開始傳送你們的療癒之光，它會引導你們。」祂們不在附近；祂們需要神殿的能量，好扎根於地球層面。接著再從我們的內在，透過我們的直覺引導我們。

「班哲明，我們是白光天人。祂們在我們的內在；我們就是祂們，我們是祂們的形體顯化。我們現在必須展示自己的力量以及自己就是白光天人的信念。我們是白色光塔，不是我們的水晶杖。我們是祂們療癒力量的來源。我們是純淨和力量的熾熱之光，我們認知到白光天人的存在。我感覺祂們一直在引導我們走到這裡，為我們做準備，好讓我們再度結合成一個靈魂團體，結合為形體與能量！」興奮之情從我的內在湧出，我驚呼道。

班哲明緊握住我的手。我們深吸一口氣，開始大聲唱誦：「愛如海洋，席捲亞特蘭提斯與居民。造物主的愛是我們的現實。所有的痛苦、苦難和錯位都會被永遠地抹除。」我們呼一口氣，彷彿放下了所有的恐懼。

「我們是白光天人。我們是亞特蘭提斯的白色光塔。我們是純淨和愛。我們是無限。我們現在傳送靈魂團體的天界振動進行療癒，並揭露、解決眼前的破壞。」

我感覺這是個強烈又真實的表達。純白之光開始在我們的存有中脈動，從我們頭頂上方的靈魂之星脈輪流出，通過我們的心臟，進入手上的白色光塔。我的腦海裡閃過一些心像，上方有個巨大的光格網路形成了鑽石的形狀。神聖、光芒四射的天使，圍繞著那個光格。當祂們透過光格展現祂們的美麗、優雅和善良，那些特質顯得無邊無際。我看見白光天人包裹在鑽石裡，散發璀璨的光芒。

我凝視著鑽石的深處，驚奇地看見造物主宇宙的所有次元——所有的揚昇大師、光芒、光之國度、恆星、行星，以及造物主的整個宇宙。這個心像如此深刻、熟悉，我領悟到每個人都透過添加能量而支持我們。鑽石形的光格就是造物主之光進入、連接並流入我們的氣脈和靈魂之星脈輪的載體或管道。太神奇了！我透過傳輸光來療癒，從而發揮連結著造物主的關鍵角色。我以感激之情回應這個心像，我知道我並不重要。

是因為班哲明和我請求提供服務，那才會如此顯化。

水晶杖脈動著巨大又強烈的能量，我們只能緊握在手上。其散發出來的光束擴散得越來越遠，照亮了那個包覆著聖殿的類金屬電力艙，其類似於一個保護用的光之泡泡。

「我們的光穿透了他們的防護罩。」當班哲明向我保證時，整個電力艙坍塌，隨即從視野中消失。

接著，光進入神殿，穿透牆壁和屋頂，將我們的注意力導向內在。光把影像投射進我們的腦海，我們就像一條光河般，穿過建築物。不同尺寸、形狀和複雜度的大型機器心像——有的嵌著水晶，有的附著許多電線——閃過我的腦海。由於這些物體太過陌生，我無法理解它們存在的目的，更別說是用途了。它們似乎來自另一個世界。這些機器與地球能量和磁場結構連結的影像在我的腦海裡閃過。我感覺到大地之母在結構被壓縮、改變時哭泣，就像被關在一個新的電力網路裡而耗盡了能量。悲傷和壓力沉入我的情緒裡。

「帶我離開這裡！」我尖叫。「我受不了了。」我心裡充滿驚慌和恐懼，感覺自己像大地之母一樣被困住，既無法呼吸也無法掙脫。「救救我啊！」我哭著，滾燙的淚水順著臉頰滑落。「我不要這樣的未來，」我抗議道，「他們不僅要摧毀亞特蘭提斯，也要摧毀整個世界。」

令人畏懼的祕密文件、計畫、文件和協議，在我的腦海裡翻騰。我無法了解這些複雜難解的文件。

咆哮聲衝著我來，同時也誘惑著呆若木雞的我。「娜拉，來我們這裡吧。我們會讓你看到需要知道的一切。跟我們合作。把我們的力量拿去，當成你自己的。我們沒有惡意——只想讓天地合而為一。我們找到一種方法，可以在不理會造物主旨意的情況下，擁有想要的事物！來我們這裡吧，娜拉！」

我感到周圍一片寒意。我在墜落，找不到班哲明的蹤影，眼前的白色光塔也變得模糊。我砰一聲跌在地上，整個身體都在痛苦中顫抖。

「娜拉，我們是來幫你的。」那令人畏懼又陰森的聲音再度傳到耳邊。

接著，我就看到一群穿著灰色長袍，脖子上掛著金項鍊的男女。他們都配戴了同樣的符號，義無反顧地往我跑來。

恐懼盤踞了我的身體，我倉皇地想爬起來。黑暗完全包圍了我。我摔了一跤，絆倒在岩石和瓦礫上，有一種徹底的無助感。

「請救救我！」我用盡了所有的力氣，而只能臣服。

接著，我聽到班哲明叫我的名字，聲音逐漸靠近。我在黑暗裡看不到他，但能感覺到他結實的手臂將我拉過去，緊緊地抱著我。我在他的臨在下放鬆了。班哲明的聲音清晰地穿透我的腦海。

「就是這樣，娜拉，放輕鬆。我在這裡。你是安全的。你在自己的神殿裡，娜拉。你安全無事。把你的意識帶回我身上，帶回神殿，帶回白光天人和你心裡的庇護所。」

我的視野裡充滿了光、神殿和一些注視著我的熟悉面孔。有的面帶懼色，有的快樂。我發現自己巡視著每一張臉：阿姆卡、漢納、瓦奧萊特、傑達、莉夏、帕洛、瑪蒂娜等。接著是面帶關切的班哲明，以期待的眼神望著我。我知道我回到家了。

「發生了什麼事？」我問道，「我在作夢嗎？」我抓著被疼痛和壓力折騰著的頭。

「不要動，娜拉。」班哲明以保護性的語氣囑咐，把我當嬰兒般摟在懷裡。

我看著班哲明向其他人發出指示。不知不覺中，我的頭部上方和周圍都擺著緩解頭痛的水晶。

「娜拉，我們在你的第三眼上放了一顆水晶，抽取不屬於你的資訊和心像，清除這些造成你心靈不和諧的事物和恐懼。」班哲明溫柔地解釋道。

我感到離開的人群開始建立療癒的意圖，將他們純淨的愛傳送進我的存有裡。

「班哲明，我要知道發生了什麼事。請告訴我，我很困惑。」我用微弱的聲音問道。

班哲明凝視著我，眼裡充滿了愛和慈悲。「娜拉，我們剛才搭著梅爾卡巴前往亞特蘭提斯中心。我們把身體留在神殿裡，但旅遊時的我們還是幾近於真實的肉身。我們接著開始將療癒傳送進神殿，溶解並揭示當前的所有能量。我們以光穿透他們的保護泡泡，讓他們警覺到我們的臨在。」

「你突然開始在我們合體的梅爾卡巴裡猛烈地移動。你扯著喉嚨喊叫，好像在處理或汲取他們的祕密和未來的計畫。我試著安撫你，但又無能為力。你似乎失去了梅爾卡巴的光之力量，倒在地上。我看到一群穿著灰衣的男女走向你。當時的情景讓我不忍卒睹，我只好懷著安全回到神殿的意圖。我發現自己回到這裡，並把你抱在懷裡。你昏迷了一陣子，好像在以心靈吸收他們隱藏的一切和所有目標。我不知道他們想不想讓你看到，但那個景象的確很嚇人。」

「所以那是真的？」我想更加確定，所以再問了一次。

「是的，娜拉。」漢納打斷我，他的臉孔出現在我眼前。「你以能量的形式拜訪過中央神殿，並以光體經驗了一切。你那些心像是真的。我對你所經驗到的事感到遺憾。」他的眼裡銜著淚水。「我們正在清理你的心智，療癒你身體裡的恐懼。」他溫柔地提醒我。

「這個經驗的目的是什麼？」我問漢納和班哲明。

「目的是固定療癒，同時揭示中央神殿裡發生的真相。你也化解了他們的防禦，吸收了他們所有的計畫、目標和意圖。這意味著我們現在可以療癒他們了。我們不只把他們從你的心靈裡消除，也下載到水晶裡，以便從水晶以及他們和亞特蘭提斯的現實裡完全抹除，將這一切都終結。沒有計畫和目標，他們對地球和亞特蘭提斯的力量和影響就會耗盡。」

「娜拉，我今早就知道這是白光天人的計畫。祂們知道你是個能夠輕易吸收必要資訊的管道，所以把你和你的保護者班哲明一起送到亞特蘭提斯中心，讓你們透過心靈吸收那些男女大祭司的計畫和精神創造物，以削弱他們的力量。」

「每當我們希望顯化事物時，就會創造一個心像。這個心像被賦予能量後，就會創造一條路徑，讓不斷增加的能量進入物質界，以完成心像的顯化。因為你吸收了他們的心像，我們才能消除他們顯化用的能量路徑。他們必須重新開始。你明白嗎？」

我仍然躺在班哲明的懷裡，漢納的臉越來越靠近。在我沒來得及反應以前，漢納便把食指放在我的第三眼上，讓一切從我面前消失。我進入深沉、平靜的睡眠裡。

娜拉的叮嚀

有的時候，那些支持我們的光之存有，只會跟我們分享現實或更大計畫的一部分畫面。這是因為我們在每個特定的時刻，都有很多機會的緣故。如果祂們分享可能會在現實中發生的一切，包括現在和未來所有的可能性，就會影響我們的生活經驗以及對靈性課題的了解，進而剝奪我們做選擇的自由意志。祂們不會對我們隱瞞資訊；相反地，祂們會保護我們，讓我們不必承受了解造物主整個計畫所帶來的壓力，並要我們跟隨直覺，找到符合需要又清晰的前進之路。按部就班地前進，會讓我們更輕易地處理未知的事物。

我們在地球上隨時都有自由意志，雖然看起來往往不是如此。顯然，情境往往是在我們無法控制的情況下發生的。無論你的現實裡發生了什麼，無論是大是小，正面或負面，切記，那是在你生命的某個時間，甚至是久遠的過去，同意要讓這個經驗發生的。你的同意可能是因為過去的可怕想法，或想提供服務的願望。你對過去和現在的想法、信念和觀點，都會投射到現實裡。接著，由於造物主總是試圖在你的現實裡產生和諧與愛，你的指導靈就會將其神性旨意交織於你的現實之中，以支持你實現神性目的的啟迪。接納是生命的關鍵，一旦你接納了「是自己在某個時間同意當前的經驗」（通常是在無意識的情況下），你就能更輕易地行動，並向這些經驗學習了。

就像你的手不能握住熾熱的鐵棒，你也無法執著於要去「譴責」。你無法把「譴責」推諉給別人，因為當你觀察到別人的混亂時，「譴責」就會進一步地傷害他們（或你）。你必須放下譴責，不再容忍其存在。我大可譴責白光天人沒有告訴我全部的真相，因而讓我置身於危險，但我沒有這麼做。我知道我曾要求以任何能做到的方式提供服務；我知道我始終是安全、受到保護的。最重要的是，我知道生命中的一切都是妥善、安好的。雖然我會慌張，也會感到恐懼在我身體裡流竄，但卻有一份明白，知道我是安全的。

即使這一份明白是事後之明，但它卻非常強大、重要、有影響力。這就是說，無論發生什麼我都會學著接受，並在我的存有中培養愛，讓愛消除所有的障礙，像磁石一樣吸引正面、充滿愛的經驗。

當你譴責別人、指導靈，甚至是造物主時，其實你是在聲明自己最了解，擁有所有的答案，聲明自己的看法是最準確的。這只會造成你更大的痛苦，因為你永遠不會讓自己看到造物主的完美。造物主的完美存在於所有的情境、經驗和人物之中。當我們有了信念和理解，就會知道我們與造物主共同編織的故事尚未完成。

重要的是要知道指導靈與直覺的智慧和指引（並保有信心），始終都會符合你提問那一刻的需求。定期檢視你的引導或直覺，因為引導也會隨著你的進化和改變而更改、改變。重要的是，要與你現在的直覺和引導保持一致，而不是堅持不合時宜的引導。切記，你只會接收適合了解、採取行動的智慧與引導。想要更了解事情的發展或需要知道的事物，只會讓你的注意力偏離，並阻止你接收更大的智慧。同樣地，這又回到信任和接納的問題了。

當你知道所有的真理都會在神性的時機向你揭露，你就會接受自己的力量。如果你也肯定自己隨時做好了接收造物主真理的準備——無論來自指導靈、親人或現實中的情境——你就會知道，當你妥善地處理真理時，你永遠都會得到支持。沒有人願意生活在虛幻的世界裡，因此我們會不斷地尋求造物主的真理。有時候，我們必須為了接受它而放下信念；或者當我們事先知道自己是堅強、勇敢的，就能以愛、和平與和諧的方式克服所有情境。在這種方式下，我們就能滿足於所有時間的現實之所有面向。你也許會想要在日常生活中如此肯定：

我堅強、勇敢，有能力以愛、和平與和諧的方式，度過所有、任何情境。

我現在接受造物主的真理。

我曾在一個非常美好的時刻，單純地接受自己是白光天人的事實。這份體悟賦予我力量，彷彿讓我第一次以真理看待自己。我深入探索，將我的真相帶到表面，讓它發揮支持和服務的作用。你可以在日常生活中做這個練習，甚至不需要知道你的靈魂團體是誰，或能量的來源是什麼。當然，你的確知道你是造物主、萬有皆是造物主。只要肯定「今天，我接受自己是造物主」，就是一個非常強而有力的過程。你想成為的一切都已經在自己的內在了。無論你希望成為豐盛、無畏、勇敢、堅強、慈悲或健康，都需要你接受這些已存在於你內在的事實。接納就是將真理之現實引導到顯化的過程裡。因此，讓「我接受我的＿＿＿＿」這句話成為你明天與自己對話的一部分。透過接納「你就是萬有皆是造物主」的真理，克服心裡的恐懼。

練習二十七：清除過時的心理模式和顯化

我們都受制於外界或他人想法的影響，甚至包括為了控制人類而發射的恐懼振動。冥想和選擇自己希望思考的事物能克服這個問題。我們也會受前世的影響——前世創造出來的思想、計畫和目標。這些可能會在現世不需要的時候重現，只因為那些過時的心理模式和蓄勢待發的顯化缺少一番清理和淨化。

我們隨時都會思考許多不同的事物，而當這些想法變得雷同時，就會創造一種滾雪球般的能量，影響著我們的生活。顯化的速度取決於類似想法的數目，以及情感投入的程度。許多被我們投入顯化過程的思想都是不需要的，因為那會干擾我們的生活。如果你希望清除前世的心理模式，不要逐一地梳理你的想法。這麼做雖然會帶給你很大的幫助和洞察力，不過卻是困難重重。你不妨多練習以下祈請：

親愛的白光天人，我的指導靈、靈魂和造物主，我召喚祢們前來，為我的心智模式和顯化創造一個深層的療癒和淨化過程。將祢們無上的愛與純淨之光，傾注於我整個存有裡，特別是我的心靈、大腦、思想、精神體以及我所有的面向，協助我創造在地球上的思想和顯化過程。

請妥善地療癒我，抹除我為了讓亞特蘭提斯自我進行創造，而投入的思想模式和創造，但我的生命和揚昇已經不需要它們。它們已經不能提供我服務或支持我了（無論它們處於什麼階段）。即使那些思想模式、創造、目標、計畫或心理執著，交織在我的多次轉世裡，如果它們不再被需要或不再適合我，就讓它們被療癒、化解，並讓我所有的領域恢復和諧與安全。現在，在我的同意、靈魂的引導和監督下，深度的淨化正在發生，從而產生的結果正面、令人滿足，而且能夠為我們賦能。讓我、我的亞特蘭提斯自我與靈魂的所有面向，擺脫我的亞特蘭提斯自我不需要的思想和創造。

請妥善地療癒我，抹除我為了在當前的現實裡進行創造而投入的思想模式和創造，但我的生命和揚昇已經不需要它們，它們已經不能提供我服務或支持我了（無論它們處於什麼階段）。即使這些思想模式、創造、目標、計畫或心理執著，已經編織進我的未來或存有的細胞層面，如果它們不再被需要或不適合我，就讓它們被療癒、化解，並恢復我所有領域的和諧與福祉。在我的同意、靈魂的引導和監督下，深度的淨化正在發生，從而產生的結果正面、令人滿足，而且能夠為我們賦能。

我擺脫了過時的心理模式和顯化。我接受這個在我的存有中療癒、擴展的過程。謝謝祢。

平靜地坐著至少十分鐘，因為這會讓能量與你合作。隨著呼出的每一口氣，在心裡說：「我放下。」

練習二十八：培養內、外在力量的平衡

在亞特蘭提斯的我們，非常覺察內、外在力量之間的平衡。

外在的力量不屬於我們，它可能是我們透過創造力或智力創造出來的。當我們不以任何方式執著於它，它就會在物理的層面上成為支持現實的工具。外在的力量被定義為支持我們實現某些目標，或在日常生活中為我們賦能的工具、機器或器具。

內在力量是屬於你的。它是你獨有的，雖然它來自造物主，但卻要透過你才能表達。事實上，你無法脫離你的內在力量。你可以忽視它，但這麼做會為你帶來悲傷。你內在的力量是無限的。有了它，你就能把需要和渴望的一切吸引進你的現實裡，好為你效勞。你透過思想和情感表達出的本質，會顯化、吸引你所需的一切。

當你在遇到挑戰或需要時覺知到這一點，你就會先向內在的力量尋求支持、勇氣、信念、療癒或直覺。這些都是你以許多奇妙的方式顯化出的內在力量。如果你在遭逢挑戰時執著於外在的力量，你就會從外界尋找啟發、支持或引導，進而繞過你的內在力量，或認為它不足以成事。這會立刻讓你失去力量，導致你錯失機會，讓你越加依賴他人和科技。在你當前的現實裡，你可能會認知到兩者都需要，然而，你需要在它們之間取得平衡。

花點時間沉思你的現實。你是否嚴重依賴科技並抗拒你的內在力量？你是否在抗拒外界提供的幫助時，從自己的內在尋求啟發、療癒和引導？你是否需要在生活中騰出更多時間，讓你在不受任何外界干擾的情況下靜坐、放鬆？如果拿走你所有的科技，你會有什麼感覺？如果你的生活裡沒有任何形式的科技，當有人給你可以改善生活的科技之禮，你會有什麼感覺？

你可能還會想要沉思，當你遭逢挑戰時，是否習慣於轉而向內在的力量尋求指引，或從其他人或裝置尋求指引？

關鍵是要承認你的阻力何在，因為阻力是警告你不平衡的訊息。如果你會抗拒，為什麼？如果你會抗拒冥想，抗拒騰出時間給自己，甚至抗拒放鬆，為什麼？你恐懼什麼，又如何將平衡落實於日常生活之中？

花點時間沉思內、外在力量的平衡。你也許還想要思考你使用的科技給了你什麼訊息，是與力量或失能（disempowerment）有關的訊息嗎？你也許希望在日常的作息中安排固定的時間，在沒有任何形式的科技干擾下坐著。

想在你的靈性和生活科技之間取得平衡，似乎是個不尋常的要求，然而，你會在我的故事裡看到失衡的執著對整個文明的影響和力量。亞特蘭提斯人的經驗和你們目前的現實之間，有著高度的雷同處。我相信你們還沒有在當前的世界裡找到靈性和科技之間的平衡。

第十四章 準備工作

我飄進意識，返回肉體，並睜開眼睛，聽到縈繞在耳際和心裡的唱誦聲，我嘴裡甚至催眠般地唱誦著。我逐漸認知到這是白光天人給我們的心咒：「愛如海洋，席捲亞特蘭提斯和居民。造物主的愛是我們當前的現實。所有的痛苦、苦難和錯位都會被永遠地抹除。」唱誦聲持續著，隨著所有在場者力量的擴大而環繞不停。

班哲明的臉龐出現在我面前。

「娜拉，你醒著嗎？我一直在肯定和觀想這一刻。感謝祢，造物主。」班哲明以雙臂緊緊地摟著我。

他的感激之情讓我震撼。「發生了什麼事，班哲明？我為什麼會躺在神殿中央？」

「哦，娜拉，我們去亞特蘭提斯中心旅行之後，你已經昏迷五天了。我頻頻詢問白光天人，想了解發生了什麼事。祂們只告訴我要信任，說你會在神性的時機醒過來。我覺得最好把你留在神殿裡，讓白光天人療癒你。我會日以繼夜地在這裡陪伴著你。」

班哲明的眼裡噙著淚水。當我再度臨在後，我感覺到他放下了心裡的焦慮。

「班哲明，真的很抱歉沒有陪著你一起臨在。我現在感覺很好。扶我站起來吧。」

我認知到自己在班哲明和社區最需要我的時候離開，內心出現了一絲內疚感。我覺得自己讓他們失望了，雖然我知道在內在的層面上，我需要幫助亞特蘭提斯。

看到迎接我回來的社區居民和家人，那些美麗又充滿感激的面孔，讓我的悲傷得到了撫慰。他們充滿愛的擁抱，幫助我在現實裡扎根。隨著真心的擴展，我感到燦爛的光輝和活力又充滿了我的存有。我逐步走向殿門，想呼吸點新鮮空氣。我打開殿門，震驚地看到眼前只有一片漆黑。班哲明緊跟在我身後。

「現在是晚上嗎？」我略感失望地問道。

班哲明看著我。在他等待的時刻，我們之間陷入一片靜默，他的身體散發著猶豫和尷尬。我走出神殿，一股刺鼻的氣味撲面而來，那不是我熟悉的大海新鮮空氣。天空裡看不到半顆星星。一片濃得似乎穿不透的黑暗，像有毒的煙霧般貼在身體上。我退後一步，把班哲明推回神殿，緊緊地關上門。我環顧四周，發現寢具、食物和隨身物品都堆放在神殿的白牆邊。

「大家都住進神殿裡了！」我緊張地悄聲對班哲明說。「發生了什麼事？請告訴我真相。」

班哲明把我拉到緊閉的門邊，彷彿要和人群分開，把我們隱藏起來似地。「白光天人邀請我們把必需品帶齊，來神殿裡住幾天。那是雲朵從亞特蘭提斯中心往我們飄來之前的事。雲朵一開始是白色的，但很快就由白轉灰，由灰變黑，將神殿完全包圍。外面現在就像一團黑色的濃霧。人群裡有些人試圖穿越黑霧，但因為迷失方向而困惑，有毒的氣味讓他們的感官失去了作用。我們很感激白光天人引導我們在神殿裡集合，但不知道發生了什麼事。我只能猜測亞特蘭提斯正在沉沒，白光天人準備依照當初的承諾，把我們傳送到埃及。」班哲明一副充滿希望的神情，但我看得出最近發生的事情嚴重地打擊了他平素堅強的臨在、力量和信念。

班哲明這番話讓我震驚，但聽來又十分合理，因為我感覺非常熟悉、貼切。我感覺內在有種明白，明白一切會安好無恙，我只想把這份明白傳送給班哲明。也許這就是我昏迷這麼多天的原因——我當時並不知道。然而，我的確知道我整個身體都希望給班哲明一個緊密又充滿愛的擁抱。我啟動創造種子和體內白光天人的能量，讓其對班哲明發散，讓他整個存有處於完整，並與真理達成絕對的對位、平衡。我感覺到班哲明的許多壓力和張力都流瀉而出了。

我感覺班哲明的能量立刻回應了我，並建立、回歸他那擴展又強大的本我。我們的光融合在一起，金色的白光開始向四面八方照耀，讓神殿充滿和諧、祥和、真理和愛的振動——兩個靈魂伴侶的愛，一種向內在造物主致敬的愛。從一個簡單又充滿愛的擁抱開始，神殿的每個人都沐浴在我們傳送、散發出的造物主恩典和愛裡。他們的注意力都轉移到我們身上。當內心累積的恐懼、不安全感、不確定性和緊張感逐漸崩解後，人們開始哭泣——有人安靜地流淚，有人劇烈地抽泣。房間裡的氣氛大為振奮，並轉變為愛與恩典的振動。我鬆開懷裡的班哲明，轉身看到白光天人明亮的白色能量進入神殿，溫柔地將眾人擁抱在祂們純淨的愛裡。

班哲明的背部從神殿的牆壁滑下，坐在地板上，並引導我坐在他前面，背靠在他結實的胸膛上。那些輕聲啜泣的人，為了引發深度的釋放而跟我們靠得更近。傑達坐在我們前方，展開雙臂保護莉夏。對我來說，他們的臨在象徵著陰陽振動在神殿裡進行平衡。這是為了鼓勵我們翱翔至與造物主合一的狀態所必需的。帕洛坐著，雙臂摟著瑪蒂娜和阿姆卡，緊緊地抱著他們。漢納以充滿愛的雙臂摟著瓦奧萊特，瓦奧萊特靠在他懷裡。神殿裡的每個女人都被一個男人擁抱著，我凝視著這個溫柔又充滿象徵性的一刻。

我們不僅創造了陰陽振動之間的平衡，也保護、擁抱和撫慰陰性振動，甚至在某些情況下，會為了安全而將其隱藏。這是未來的象徵嗎？是為了即將來到的情況做準備嗎？陰性的神聖力量，是否需要在未來受到陽性力量的保護？所有人的陽性振動都展現出會削弱神聖陰性強大力量的可能性，但事實上，它卻溫柔地保護著神聖陰性和其聖物，直到再度被揭示、恢復。這些想法和問題在我心裡閃過，我能做的就是放下它們。我只知道一種深沉的愛充滿了神殿，祝福所有在場的人。

白光天人們準備透過我通靈傳訊，並跟所有人說話，祂們的能量和振動微妙地進入我的心靈，並穿過了我的身體。

「莊嚴的光之存有，我們向你致敬，並送出我們的愛，好溫暖地擁抱你們。請知道我們在你們的真心和靈魂裡與你們同在，永遠保護、引導你們。我們帶著愛來到你們面前，因為我們有一些消息要跟你們分享。」

「亞特蘭提斯正在沉沒。我們已經跟你們陳述過這件事，但它現在卻是地球上顯而易見的事實了。你們奉獻給所有人的光和療癒，維持了亞特蘭提斯一段時間，也抵消了其他人一些誤導性的工作。你們也保護了一些亞特蘭提斯人的意識和記憶，將其保存在你們的靈魂裡，並在未來的文明中重新播種到人類的意識裡。」

圍繞在我身邊的人都鬆了一口氣，釋放了心中的絕望。我感覺是白光天人再度的引導，以及祂們對這一切事件的解釋，讓他們卸除了心裡的重擔。

「由於亞特蘭提斯中央神殿的男女祭司製造的機器干擾了磁場，破壞了由北向南的磁場流，並將磁場流吸進亞特蘭提斯，創造出一個龐大的渦流。渦流像一場遍及方圓數百哩的旋風，但不同於旋風的是，它將大氣裡的灰塵、碎屑和污染物都吸進風牆，再夾帶著強風，沿著整個地表和其周圍橫掃而去。由於渦流目前的擴張，你們都存在於它的渦眼裡，因此一切都顯得平靜無事。你們正在經驗的黑色毒煙，是渦流吸入的所有毒氣累積下來的結果。整個地球都在經驗同樣的事物，還有詭異多變與到處肆虐的怪風。」

「許多不知道亞特蘭提斯發生什麼事的人會責怪惡劣的天氣。事實上，增強的風勢形成一個循環，從亞特蘭提斯沿著地球表面流動，返回亞特蘭提斯，又再度被吸入這個渦流裡。磁場被渦流進一步地操縱，使渦流變得更小。由於渦流窄化了磁場的力量，使你們能在地面打出一個洞，穿過亞特蘭提斯，進入地球中心。地球另一邊的磁場由於無法完成循環而被往內拉，與通過亞特蘭提斯而流入地球的勢能會合。地球的磁極就因此轉移。」

白光天人透過我傳訊的文字和影像在我的心裡盤旋。我幾乎無法理解祂們傳遞的內容，但我仍然請祂們繼續傳遞，希望能更進一步了解、釐清。

「操縱磁場會造成災難性的影響，導致板塊移動、滑行，並引發海嘯。地球會變得面目全非、難以辨認。如果磁場無法再度啟動，全人類都會因此喪失記憶。你現在就能看到對著亞特蘭提斯、亞特蘭提斯人、全人類、地球和造物主宇宙開展的破壞。

最惡劣的情況是，我們會經驗到所有造物被毀滅的結局。最好的情況是，管理地球能量會導致磁極變化，接著，亞特蘭提斯會因為吸入所有能量而變成地球的南極。恢復地球的磁場，為地球帶來穩定的結構，這個最好的情況才會發生。磁場是靈魂以肉身在地球上行動的必要條件。」

滾燙的淚水開始從我的臉頰滾落。我無法再隱忍自己對人類和大地之母的同情與哀傷。

「娜拉，重要的是你要繼續下去。」班哲明坐在我背後，緊握著我的手，我們的身體緊靠在一起，彼此尋求撫慰和情感的支持。

我深吸一口氣，放下悲傷，讓白光天人繼續透過我進行交流。

「我們以前分享過男女大祭司的目的。他們希望消除分離，融合天地，將所有的能量體融合到肉體裡，進而在地球上充分而即時地顯化造物主。他們尚未明白的是，因為即時顯化造物主，實際上就是在摧毀地球和造物主的整個宇宙。這就像將時光倒轉，再度顯現造物主的原初顯化，因而抹除所有的創造物，讓他們在沒有覺知的情況下創造出一個黑洞。」

「請你理解，所有內在層面的存有都在運用祂們的能量和意識，引出造物主的神聖計畫，化解所有的毀滅。我們會回到你那裡，創造一個梅爾卡巴讓社區的居民進入。

我們會在內層保護你，將你含納進我們的能量。這意味著你們會保留記憶和身體。我們會在適當的時候送你回到地球上的埃及，讓你繼續生命循環。」

「現在是你活在沒有恐懼、責備或憤怒的愛裡的時候了。愛會永遠護持你。我們會以天使之環包圍你。你要知道這座神殿是你那神聖且受保護的空間。請等待我們回來。」

白光天人的能量和意識離開了我的身體，我睜開眼睛，看到祂們如霧般的白色能量從神殿裡消失。

「祂們走了。」我對人群說。

「我所有關於大地之母的心像——祂的痛苦、苦難與亞特蘭提斯的消失——都成真了。」漢納把頭埋在手裡，悲痛欲絕地說。「亞特蘭提斯會被遺忘，從人類的歷史中抹除。」他喃喃地說道。

「漢納！各位！」傑達打斷他的話，「接納是我們此刻最偉大的工具。我們必須接受自己在亞特蘭提斯沉沒這件事中扮演了自己的角色。我們必須在某種程度上接受眼前展開的一切都是自己選擇的。接納能讓我們重新點燃力量，清楚地看到這件事的真相，看到靈魂為了讓我們接納和擁抱而保留的更大畫面。我們會在整個過程中同在。是的，亞特蘭提斯的土地也許無法再撫慰我們的雙腳，但我們擁有最偉大的禮物：我們同在。我們的生活會繼續，我們會一起分享、經驗和互相支持。」

傑達試著把燦爛的笑容分送給房間裡的每一個人，重新將他們帶回真理。阿姆卡也加入了他們。

「傑達說的對。我們必須放下對心愛的家園亞特蘭提斯的執著。我們會在埃及共同打造一個新家；亞特蘭提斯的精神會永遠活我們心中。」阿姆卡停下來，陷入沉思。「讓我們一起歡慶吧！讓我們唱歌、分享故事、跳舞，感覺造物主充滿身體的熱情。」

阿姆卡看著小組中的每一個人，但他也知道他們並沒有完全接受他的發言或行動計畫。「傑達，拿出你的水晶頌缽。」

阿姆卡一聲號令，傑達跳了起來。

我背靠著班哲明的胸膛，感覺到他在清嗓子。他優美的歌聲響徹整個神殿：「雖然有風，風會吹，讓你的光明閃亮。雖然有雨，雨會落，讓你的真愛閃亮。雖然有風有雨，風雨會來，讓你的平安引導你回家。因為有太陽，太陽會普照大地，並永遠擁抱你。」

娜拉的叮嚀

對我們來說，這是一個內省的時代。萬事萬物都在改變，我們被要求將完全的信任託付給造物主和白光天人。我們被要求以行動實現所有的信念、靈修的成就、學習，以及終生不渝的靈性成長，進而讓它們成為我們的真理。當你所知的一切——所有的基礎和夢想——都消失一空，讓你覺得一無所有，或人生旅程沒有目的的時，地球上的每一個靈魂，其實都以許多不同的方式經歷這種時刻。無論這個方式的規模大小，它都有個目的：釐清你的信念，讓你專注於重要的事物。世間的生命不是永恆的。在整個人生之旅中，我們被要求放下，化解對生命的執著，擁抱其真相和自己的存有。愛是永恆的，永遠不會真正地破損。

你的靈魂會轉化、擴展、進化。這是它最大的快樂，因此改變是不可避免的。如果你允許自己跟隨造物主的神聖之流，那神聖的計劃、正面的結果和啟發性的理解隨時都會在你的生命中展現。我們選擇堅守愛以及對白光天人、造物主的信心。愛和信心是你能真正擁有並向他人表達的。

練習二十九：亞特蘭提斯沉沒的親身經驗

對許多正繼續著亞特蘭提斯未竟之業的靈魂來說，亞特蘭提斯的沉沒可能是一種必須的療癒，因為你投射到當前現實裡的，通常意味著你心裡的創傷。亞特蘭提斯沉沒的痛苦、苦難或恐懼帶來的創傷，會透過你的信念系統所認知的無數方式顯化。你也許會有一事無成或無法信任他人或自己的感覺。你也許不喜歡科技，或感覺地球上沒有進化和揚昇的前景可言。你可能會感到怨懟、譴責、匱乏，或對世界末日、死亡或溺水懷有一份恐懼。

諸如亞特蘭提斯沉沒的經驗，會引發出許多能量、感覺，尤其是一份深沉的孤獨感。為了讓你放下任何痛苦、苦難或創傷，給自己帶來更深層的療癒，現在是時候給自己和亞特蘭提斯自我一個機會了。你現在閱讀著我的書，或許是因為你此刻正需要釋放和療癒舊有的痛苦和創傷。大聲說出：

我現在召喚亞特蘭提斯的天使和娜拉．梅林靠近我的氣場，並以愛的能量和振動將我完全包圍。我請求祢把我傳送到亞特蘭提斯北側的白光天人神殿，讓我重新連結或覺知自己的亞特蘭提斯能量。

謝謝祢。

想像、感知或承認自己坐在我的神殿裡，身邊圍繞著白光天人的純白之光。大聲說出：

我現在召喚我的亞特蘭提斯自我，從我的內在走出，分享任何需要的資訊或洞見。我的亞特蘭提斯自我，如果你覺得在神性面是恰當的，請跟我分享亞特蘭提斯沉沒的經驗。我準備好要聆聽、感知或承認你的想法、心象、記憶、洞見、感覺，或你想要跟我分享的任何事物。我跟你連結的目的是為了帶來深度的療癒。我準備要接受和聆聽你帶來的訊息。

花點時間，傾聽你的亞特蘭提斯自我。你的亞特蘭提斯自我甚至會以帶出你記憶的方式跟你交談，因此你要敞開心，接受他選擇與你溝通的所有方式。你也許會想要把覺察到的所有事情寫下。當你對亞特蘭提斯自我的臨在有一份感覺、覺知或理解時，你也許會想要提出以下幾個問題：

- 亞特蘭提斯沉沒時，我的亞特蘭提斯自我是否與娜拉一起在神殿裡？
- 我的亞特蘭提斯自我在亞特蘭提斯末期經驗到了什麼？
- 如果有任何與亞特蘭提斯沉沒相關的療癒，哪些是我需要處理、釋放和轉化的？

你可以耐心地、大聲地提出單一的問題，也可以把它們寫下來，覺察流入你內在的任何洞見或感覺。如果你願意，也可以把它們記錄成文件。以充足的時間、空間和靜謐讓自己單純地臨在，讓任何需要開展的能量，在它想要的時間開展。

你要知道的是，你可能必須將一些浮現出的片段記憶拼湊起來。你要知道，如果你沒有接收到任何洞見，這意味著現在也許不是最合適的時間，或者是你對了解真相有所恐懼或抗拒。在專注於愛的同時，輕輕地吸氣和呼氣，是療癒任何能量或經驗的萬無一失之道。重點是，你要接受所有不受自己或你的亞特蘭提斯自我批判的洞見。這意味著你應該試著不把它視為與個人有關。那只是所有需要發生的療癒的某個面向，它不會以任何方式減損你「作為造物主的一種表達而存在」的神性或價值。

練習三十：清明的視角

重要的是，你要了解生命中的一切都是過程。知道不舒服的情境會過去，沒有任何經驗是永恆的。這種知識和理解會帶來安慰，同時也會讓你放下不再需要的一切。問自己：「*我現在需要釋放什麼，才能回歸愛？*」就能讓你以更輕易的方式，度過任何不舒服的情境或經驗。

你可以把這個問題寫下來，把心裡出現的任何答案記錄下來。當我們知道每個情境都只是過程時，就會理解到，能量會過去，新的經驗會進入生命；因此，我們會在更深的層面與造物主之流連結，從而阻止我們陷入某個能量、理解或經驗裡。

我鼓勵你從下列的肯定語中選擇一個。

我邀請你重複那個肯定語，召喚你的亞特蘭提斯自我與你同在，將肯定語產生的能量，注入當前的現實和亞特蘭提斯自我，以促進療癒。試著以十分鐘的時間，大聲重複你選擇的肯定語。

- 我物質實相中已有的一切，都展現了造物主的完美。
- 造物主每天都將宏大（greatness）顯化在我生活裡，而我欣然接受對這件事的理解。
- 我讓生命中的一切和我所有的創造都與愛並行。
- 我以輕易又完美的方式穿越我的物質實相。
- 我隨時在經驗美好又充滿愛的經驗。
- 每一刻都是我美麗的轉化。

第十五章　亞特蘭提斯的沉沒

「你覺得白光天人何時會來接我們？」莉夏焦急地問瑪蒂娜。

「很快，我肯定，莉夏。我們必須信任他們的承諾。」瑪蒂娜溫柔地摟著莉夏的肩膀安慰他。

自從與白光天人通靈傳訊以來，我聽過很多這一類的對話。大家都想知道白光天人什麼時候回來。焦慮和不耐煩的氣氛在增加，不斷有人去開殿門，查看外面異常狂亂的情況。我們有人唱歌、分享故事、跳舞，有人睡覺，感覺時間好像永遠停止了。我們已經做好離開亞特蘭提斯的準備，但白光天人還沒有來接我們。班哲明和我祈禱白光天人盡快回來，也創造意圖，並觀想我們的社區被傳輸到一個安全之地。

班哲明轉身直視我的靈魂。「娜拉，我覺得這是一個要讓我們維持信心的考驗、挑戰。我感覺我們必須放下期望，不要去預期造物主怎麼期望、祂的意旨又是什麼，以及應否存在於現實中。現在是消除期望的時候了，只要知道一切安好無恙，並臣服於造物主的神性意旨。」

「我相信你是對的，班哲明。我們信任白光天人，因此我們沒有失去信心的理由。」我環顧神殿，看到許多人失去了信心。「我感到無助，也覺得該為此負責，班哲明。我們要如何安慰他們？」我的聲音裡充滿了絕望。

「讓我們把大家集合起來。我們需要維持強大的內部團結。」

班哲明握著我的手，提高聲音說道：「各位，讓我們集合在一起，以強化我們的團結。讓我們專注於愛、和平與喜悅，邀請白光天人返回神殿。」

人群開始就位，圍成一個圓圈。班哲明對我微笑，對自己的計畫能產生作用感到開心。唯一沒有加入圈子的人是留著金色長髮，膚色非常白皙的少女艾拉。艾拉個子高，流露著天使般空靈的氣質，他說話輕聲細語，淡綠色的眼睛讓我想起亞特蘭提斯的草原。艾拉來自亞特蘭提斯南方，跟隨阿姆卡學習過幾年的時間，以後也會一直受到阿姆卡的照顧，直到精通女祭司之道為止。艾拉背對著我們。

「艾拉，你願意加入我們嗎？」我安靜地問道。我看到他肩膀上承受的壓力。他沒有回答。「艾拉，你的加入會讓我們感到很榮幸。」我說著，並靠近他站的地方，輕輕地把手搭在他的背上。

「我不要！」艾拉吼道。他轉向我，臉上散發火熱的憤怒和恐懼。他身體裡的焦慮開始失控地蔓延。

「一切都在神性的秩序下進行，艾拉。你很安全，我們愛你。」我停頓下來，他仍然沒有回應。「我知道你一定擔心家人和朋友是否安全。」我悄聲地說。

艾拉再度大吼：「我不相信你們。我不相信白光天人。祂們不會來救我們。祂們欺騙我們，讓我們在這裡等死。我不想再跟你們在一起了！」艾拉跑到神殿門口，用力推開大門，衝進外面的暴風雨裡。強風呼嘯般衝進大門，將碎屑和雨水吹到地板上，發出令人毛骨悚然又充滿威脅感的聲音。我跑向殿門。

「艾拉，回來啊！外面不安全！」我的叫聲消失在神殿周圍的混亂裡。

「我們該怎麼辦？」阿姆卡語帶懇求地問道。「我有照顧艾拉的責任啊。」

「我去找他，阿姆卡。我肯定他不會走太遠。」瑪蒂娜對阿姆卡保證。

「瑪蒂娜，不要！」我喊道。他跑出殿門，後面跟著兩位女士。

帕洛和另外三個男人也跟著跑出殿門，一面喊著要他們回來。婦女和孩子開始尖叫，原先由人群創造出來的能量和安全基礎逐漸減弱。阿姆卡絕望地倒在地板上，不敢相信眼前發生的一切。人群聚集在班哲明和我身邊，充滿焦慮並歇斯底里地尖叫著，要我們去救他們。

「娜拉，我必須去找他們！」傑達熱情地對我喊著。他的聲音壓過了神殿裡驚慌失措的嘈雜聲。

「傑達，我不會讓你出去。瑪蒂娜和帕洛已經出去了，我不能連你也失去。請留下來，傑達。」我抓住他的胳膊懇求，但他走近殿門時又把我的手甩開。他回過頭，眼睛盯著我，帶著混雜了激動和遺憾的表情消失在黑暗裡。

我看到自己對於孤獨和失落的恐懼在眼前顯化。我能認知到它們的醜陋和虛假，但我的心卻被它們深深地攫獲。

外面風雨交加，殿門劇烈地擺動，衝撞著牆壁和門框。

「沒有希望了，班哲明。我們該怎麼辦？我受不了了。」我滿腔憤怒地跑到班哲明身邊，掄起拳頭捶他的胸膛。從我內在甦醒的歇斯底里，反映著周圍每一個人對情勢的反應。

班哲明將我拉到身邊，雙臂摟著我，想克制我的情緒。「平靜下來，娜拉。憤怒解決不了任何問題。」

班哲明的這句話讓我放下了恐懼。我專注於呼吸，找到了中心，回到平靜、充滿愛的真心，所有的張力都從我的存有中傾瀉而出。我開始哭泣，啜泣聲淹沒在班哲明的胸膛裡。一部分的我對這個反應感到驚嚇。

「留在我身邊，娜拉。一切都會很順利的。相信我。」班哲明向我保證。

接著，我們聽到我們熱切等待的聲音。天花板傳來水晶振動的聲音，白光天人進入神殿了。沉默和寂定籠罩著神殿裡的每一個人。我們驚訝地抬起頭，看著白色的霧氣以從容、完美的盤旋進入神殿。白光開始在神殿中心形成擴張的氣泡，並包裹所有人。那是白光天人的梅爾卡巴。

「白光天人來接我們了！」班哲明興奮地喊道。

大家簇擁在一起，確保自己能進入白色的梅爾卡巴。我們似乎安全了，人人爭先恐後，唯恐落單。

「你也要啟動自己的梅爾卡巴，與白光天人的梅爾卡巴連接。」班哲明建議，一面拉著我走向社區居民，想確保我受到保護。

我感覺自己堅決地與班哲明保持距離。「其他人呢，班哲明？我們必須幫助他們！」他對那些離開神殿的人視而不顧讓我感到震驚。

「請留在梅爾卡巴裡，娜拉！」班哲明喊道。「你要為我們的孩子著想啊！白光天人會回來救其他人的。」

班哲明堅定的眼神反而讓我離他更遠。我既不認得眼前的這個男人，也不知道自己在做什麼。我知道我不能丟下其他人不管；我感覺自己要為發生的一切負責，內心湧出深度的遺憾、不信任和內疚。我走出梅爾卡巴，凝視著班哲明和其他人。班哲明朝我走來，但我卻朝著殿門的方向跑。我遲疑地回頭看他，正好與踉蹌跌進殿裡的傑達撞個正著。我被他撞到牆邊，望著傑達、帕洛和衝進神殿的三男兩女，匆忙地跑向梅爾卡巴的安全區裡。

傑達直接跑進莉夏懷裡，莉夏如釋重負地鬆了口氣。我看到他的雙眼環顧神殿，想讓自己再度熟悉這裡的一切。他放開莉夏，轉向班哲明。「娜拉在哪裡？」他問道。

班哲明指著靠在牆上的我。「他要等所有人都回來才肯進去，但白光天人跟我保證，他們會回來救其他人。」他的聲音裡充滿了絕望的無奈。

「瑪蒂娜和艾拉呢？」我以命令的語氣逼問傑達。

「娜拉，我們找不到他們。」傑達溫柔地回答。

「那我就非去找到他們不可。」我語氣堅決，不留任何商量的餘地。

「我跟你一起去。」傑達主張。

「不！」莉夏、班哲明和我異口同聲地拒絕。

「傑達，你必須跟其他人一起走。我留下來，陪他去找瑪蒂娜和艾拉。」班哲明走出梅爾卡巴，彷彿命中注定般，梅爾卡巴和所有的至親好友都在我們的眼前消失不見。他們在白光天人的保護下離開了，神殿裡只剩下班哲明和我。我們尷尬地並肩而立，試著理解剛才發生的一切。

「娜拉，我了解你為什麼要創造這個情境。你無法丟下母親不管。我了解，但這並不表示我樂於看到這種情況。我知道我們內在的小我、恐懼和戲劇性事件的元素正在升起。我在所有人的身上都看到了這一點——無視於愛和內心的清明——這讓我感到很失望。娜拉，有的時候，我們必須接受某些情況，讓事情順其自然地發生。班哲明散發出憤怒和絕望。他轉身離開我，衝出殿門。」

在那個當頭，我毫不在乎班哲明的感覺。恐懼和小我以一種前所未有的方式掌控著我，同時又創造了一種奮不顧身的勇氣感。我走出神殿大門，拿出白色光塔照路。狂風、黑暗、毒氣和碎屑，接二連三地拍打著我的臉和身體，我頓時失去了找尋瑪蒂娜和艾拉的信心。我摸不清方向，在強風的吹襲下跪倒在地。我以白色光塔照亮周圍，並開始搜尋。眼前看不到任何熟悉的事物。樹木的斷枝殘幹棄置滿地，山腳那通往神殿路口的建築物碎片一路散落到山頂。我用手遮著眼睛，擋住飛來的碎片和雨水，並站了起來。

「班哲明，你在哪裡？」我朝著呼嘯的強風大喊。沒有回應。「班哲明，對不起。請回答我。我認不出自己了。你在哪裡？我用盡全力嘶喊。」

「娜拉，是你嗎？」我只聽到一個微弱的女人聲音。

「你是誰？在哪裡？」我問道，一面以白色光塔急速搜索著，把光投射到四面八方。

同樣沒有回應。我開始往發出聲音的左方跑，但又感覺四面八方的風在捉弄我，想要把我吹倒。接著，我看到一隻纖細的手在一塊大石頭後面瘋狂揮舞。石頭嵌入山坡上一個眼熟的凹地。凹地類似一條在低處的小徑，沿著山坡向下延伸。我小心翼翼地進入小徑，以石頭支撐著身體，我看到瑪蒂娜躺在地上。他的臉孔因為劇痛和淚水而扭曲變形。我小心地將白色光塔放在石頭上照著瑪蒂娜。我發覺他渾身沾滿泥巴，似乎是從山上翻滾下來的。他的手緊抓著左大腿上部。

「哦，娜拉，我很高興看到你。我痛得要命！我想是腿斷了，痛得受不了。我摸黑找艾拉，不小心滑了一跤，就從山坡上滾了下來。我猜是身體撞在這塊石頭上，才把腿撞斷了。我忍著痛，慢慢地爬到這個位置，想把石頭當成庇護。白光天人祂們來過了嗎？我錯過祂們了嗎？我聽到傑達和帕洛從這裡跑過去。我對著他們大喊，但他們沒聽到。我一直在呼叫艾拉。我需要有人幫忙才能移動。」瑪蒂娜氣急敗壞地說道，他的話又快又激動。他繼續嘀咕著，我把他搬開，但他仍然處於害怕、震驚的狀態。

「瑪蒂娜，我想帶你回神殿尋找庇護。我會用雙手把你扶起來。」我用盡全力抬起母親的身體，同時又以平靜、清晰的語氣對他說。我開始一連串拉、拖、背的過程，鼓勵他邁出小步。由於他的身體太重，我無法照自己希望的方式協助他。瑪蒂娜終於明白發生了什麼事，開始以我的身體作支撐，靠著那隻健康的腿，一拐一拐地走了起來。

我們費力地走進殿門，疲憊不堪地癱倒在地板上喘氣。我深入自己，連結內在的力量，並從地板上站起來，扶著瑪蒂娜走到神殿中央，準備回到白光天人的梅爾卡巴裡。我在他的頭下方放了一個枕頭，並在他顫抖的身體上蓋了一條毛毯。我吻他的額頭，說我會回梅爾卡巴，但還要繼續尋找其他人。把瑪蒂娜一個人留在神殿讓我感到非常內疚，但我必須找到班哲明和艾拉。

這一次，我警覺地走向殿外陌生的世界，小心翼翼地踩著腳步，以白色光塔堅定且精確地搜尋每個地方。

「班哲明！班哲明！艾拉！班哲明！」我喊道。這一次，我往右邊找去。我知道距離我經常眺望大海的崖頂很近了。我疲倦地進入林區，不時停下來四處張望。雨下得更大了，經常感覺有道厚重的水牆敲打著身體，將我用力往前推。我知道，海洋也像天氣一樣，正狂亂地將自己拋向陸地。

「愛如浪潮，席捲亞特蘭提斯和居民。造物主的愛是我們當前的現實。所有的痛苦、苦難和錯位都會被永遠地抹除。」我喃喃自語地安慰自己。另一波鹹水又衝向我。

「像一片汪洋……一而再地……錯位被永遠抹除……我們製造海嘯……我們在製造亞

特蘭提斯的沉沒……都是我的錯……是白光天人造成的……我信任……哦，班哲明……對不起……。」念頭和體悟輪番地在心裡翻騰。我有太多問題，但目前唯一的欲求是找到班哲明。我拔腿快跑，彷彿要逃離念頭和體悟帶來的折磨。

「娜拉！」一聲錐心刺骨的喊叫進入心裡。我立刻認出是班哲明的聲音。我停下來，緩慢地轉過身，停頓片刻，試著找出聲音的來處。接著，我領悟到是班哲明以心電感應呼叫著我。他的聲音不是來自外在，而是來自我的心裡。我站著不動，恢復了鎮定，並專注呼吸。我在第三眼處看到一束純白之光，其散發著光芒並照進我心裡，接著又朝著班哲明的方向照去。感覺我們連結上後，我開始跟他進行非常平靜的談話。

「班哲明，是你嗎？回答我。」我透過心電感應問道。

我稍候片刻，維持著專注，接著聽到一個熟悉的聲音：「是的，娜拉，我是班哲明。你能聽到我的聲音嗎？」

「聽到了。你在哪裡，班哲明？告訴我發生了什麼事。」我平靜地投射心念。

「哦，娜拉，很感謝能跟你連結上。很抱歉拋棄你，沒有陪在你身邊。請原諒我。」班哲明繼續投射心念，但並沒有回答我的問題。

恐懼再度在心裡累積，我召喚靈魂的平靜。「回答我，班哲明，你在哪裡？告訴我發生了什麼事。」我強力的投射似乎打斷了他含糊的聲音。

「娜拉，我在小溪附近的森林裡。請來我這裡。」班哲明說話的同時，出現了一個投影的影像，類似他所在的位置圖。

在班哲明的引導下，我開始跑進黑暗裡。我的白色光塔照著所有倒在路上而擋住去路的樹木。我來到那片熟悉的空地，接著再往小溪的方向繼續跑。一道白光往天際延伸而去。是班哲明！他以光塔讓我看到他所在的位置。我走近，看到光塔也照亮了班哲明。當我發現他躺在地上時，崩潰地倒在他身邊。我的手臂抱著他的軀體，用力把他拉到身邊。

「啊！娜拉，別拉我！」班哲明喊道。

我被他的反應嚇到，鬆開緊抓的手，睜開了眼睛。看到那一幕情景，我有種呼吸從身體中被硬生生地奪走了的感覺。我吃力地喘息——尋找、捕捉、甚至想把呼吸帶回身體。看到班哲明的胸口插著一把亮晃晃的刀子，我簡直無法呼吸，那把刀像是刺穿了他的心臟。我雖然發出清晰可辨的聲音，但腦海卻一片混亂，無法組成任何正常的句子。班哲明的大手伸過來，輕輕撥開我的紅髮，撫摸著我的臉頰。我注意到他以美麗、清澈的雙眼盯著我。

「娜拉，留在我身邊。處於你的中心。一切都很好。」班哲明的喃喃聲敵不過周圍那逐漸惡化的狀況，我幾乎聽不清楚他在說些什麼。

「不，班哲明，你不能死。這不可能。你不能離開我！這不是我們想要的方式……。」我的聲音沒有達到我想要的效果。

「這正是我們的本意，娜拉。我們是現實的創造者，靈魂創造出來的事物，有些是逃避不了的。我要回家了，娜拉，回去與白光天人們團聚。真是太棒了。這個情況是為了要讓你堅強而發生的。我是你的力量，你的保護者。我們是靈魂伴侶，你必須在自己身上找到你在我身上看到的能量。你最大的課題之一，就是控制自己的情緒。你要維持內在強大的力量，同時又要讓它們自由地流動。你要勇敢，娜拉。我會永遠與你同在。」班哲明的語氣平靜又喜悅。

淚水順著我的臉頰滾滾而下。「不，班哲明。我不想堅強！」我爭辯道。

「娜拉，是你的靈魂要求要你經驗這個事件的。你的靈魂愛你。我愛你。你很安全。」班哲明向我保證。他的手從我的臉上滑開。

「班哲明，我能怎麼幫你？你怎麼會發生這種事？我該怎麼辦？」我低下頭並貼近他的臉，想聽到他安靜的智慧之語。

他沉默無語。我發現班哲明已經斷氣了。他已經離開了肉身。我趴在他身上，歇斯底里的感受升起，好回應這個現實，並流下了失落的淚水。我感覺我的心在崩潰，全身都麻木了。空虛和荒涼試圖掌控我的身體、心靈和情感，但我感覺還有股如如不動的平靜擊退了驚嚇和痛苦——彷彿是班哲明傳遞給我的平靜。我想起班哲明要我堅強的話語。他要我啟動內在的勢能和力量，運用它們來產生愛，將我的真理銘刻在現實裡。

「去神殿吧。」我內在的力量告訴我。

我凝視著班哲明，想將他的形象永遠鏤刻在心裡。我深情地吻他，溫柔地把光塔從他猶有餘溫的手裡拿開，又解開他掛在脖子上的青金石，戴在自己脖子上。我用了一點時間祝福他的身體和靈魂，確認我們會按照造物主的神聖意圖重聚。我用盡所有意志力站起身，離開了班哲明，留下他孑然一身地躺在那裡，然而，內在卻有股強烈的直覺引導我，告訴我要有信心，要我回神殿。最重要的是，要與內在的力量之源保持連結。即使有了直覺的引導，我還是免不了頻頻回首，無法真正理解眼前開展著的現實。

我穩定、慢慢地往山坡上，盡我所能地循原路穿越森林，終於來到神殿附近。我感覺自己被窮兇惡極的環境折磨得支離破碎，從頭到腳被雨水和海水浸透，不斷變化的環境和接二連三的地震，讓我在黑暗裡迷失了方向。相較於內心的痛苦、失落和孤獨感，外在的痛苦似乎顯得微不足道。我低著頭，順著兩支白色光塔的指引，朝著神殿入口走去。手上的光塔照亮了路上散亂的瓦礫、岩石和碎片。我跨過一面突出於瓦礫的白色小牆，一種可怕的恍然大悟引發了我內在的痛苦和遺棄感。我轉過身，以兩支白色光塔掃視四周。我失望地發現，剛才踩到的是神殿殘餘的地基。光塔搖晃的光線照亮了神殿部分的屋頂，破裂的大水晶掉落在殘壁裡，水晶的頂點還不及我頭部的高度。我的神殿不見了——被摧毀了——並倒塌在地上。它對我來說不再安全、有保障了。我絕望地癱在地上，靠著一堵小小的殘牆，以保護我疲憊不堪的身體。四周圍繞著瓦礫和石頭，我熟悉的一切都消失不見了。心中殘存的希望和力量似乎都消失無形，只留下一片空白。

我思考著瑪蒂娜是被白光天人帶走，或者是被活埋在腳下的瓦礫堆裡。我不忍想像他、家人、朋友、班哲明的臉孔和失去的一切。這帶給我難以忍受的錐心之痛。我感覺身體和感官開始關閉，就像亞特蘭提斯已經沒有任何能讓我活下去的人事物了。我開始與自己和引導我看到這一幕痛苦場景的內在力量對話。

「你為什麼要引導我來這裡？我不明白。你不讓我留在班哲明身邊，卻讓我看到倒塌的神殿，你太殘忍了。」我指控內在的引導，希望透過譴責它來減輕我撕心裂肺的痛苦。

我得不到它的回應。

「你現在沒有那麼勇敢了，對吧？這麼做太殘忍了。冷酷無情的白光天人。我居然會全心全意地信任祂們。」憤怒開始在我的內在肆虐。

「這裡就是你該來的地方。這是一個充滿巨大能量並與內在層面連結的地方。」我內心的聲音解釋。

「我再也不相信了。我再也不相信你了。我有被你背叛、虐待的感覺。」我的憤怒執意地對抗任何回應的聲音。

「你並不孤單。班哲明和白光天人都與你同在。」我內心的聲音再度辯解道。周圍的環境似乎讓我的聲音和視覺變得模糊。一道旋轉的白光繞著我打轉，吸引了我的注意。

「娜拉，你是安全的。我把你摟在懷裡。放輕鬆，放下。是時候了。」班哲明的聲音和愛在我的心裡迴盪。我聽到他熟悉的聲音對我唱：「雖然有風，風會吹，讓你的光明閃亮。雖然有雨，雨會落，讓你的真愛閃亮。雖然有風有雨，風雨會來，讓你的平靜引導你回家。因為有太陽，太陽會普照大地，並永遠擁抱你。」我的怒火軟化了。我的整個存有都在回應班哲明。我的靈魂準備好要離開現實的折磨，我順服了。我呼出一口氣，終於將這一切都放下。

娜拉的叮嚀

每一個人的亞特蘭提斯經驗各不相同。每一個在亞特蘭提斯轉世的靈魂，都有他們不同的故事可說。有些故事表達的是失落、痛苦、悲傷、困惑或遺憾；有些也許保留了安全、被支持、被愛和被保護的記憶。每個靈魂都在亞特蘭提斯的沉沒裡扮演了一個角色；每個靈魂都為了某個原因而創造了亞特蘭提斯的沉沒，我們也因此沒有譴責別人的藉口。然而，你也許會在亞特蘭提斯的沉沒中經驗到某些情緒。有的情緒是你累生累世所攜帶的，尤其是那些攜帶到這一世的情緒。現在是我們療癒亞特蘭提斯的創傷、情緒、記憶和沉沒故事的時候了，以免我們有意識或無意識地，將亞特蘭提斯的模式烙印在現世的經驗裡。

就多方面來說，我們的生生世世就像一齣齣在劇院裡上演的戲碼。演出當時的感覺很真實，我們會非常投入於角色和創造出來的戲碼。然而，當戲碼結束，我們又會回到內在的層面，再度看清真相。當我們回到地球，在一齣新戲碼裡演出時，就會想起前世的戲碼，因為舊戲碼的台詞、感知和經驗，都烙印在這一齣新戲裡。從入戲的一生到超越幻相、戲碼和狹隘思想的轉變，是個美好的過程。

我們持續地處於這個過程裡，包括日常生活在內。前世的印記模式只是為了引導我們，並確保新的一生有更多的理解或成長。一生的課題往往要到另一生才能學會。隨著揚昇在現實裡加速，你不需要等到來生再學習。然而，你仍然需要學習前世遺留的未完成課題。

無論亞特蘭提斯那一世的洞見或沉沒的經驗有沒有帶給你啟發，你都可以允許自己經歷釋放和療癒的過程，以完成你此生在特蘭提斯的生命。實質上，這就是我們此刻建立連結的目的，也就是我透過分享自己的故事，來支持療癒、完成你的故事，無論你是否能意識到這個過程。我和你在共同創造一個深刻、有意義的療癒，並釋放你在有意識或無意識的情況下，對亞特蘭提斯沉沒時所有不必要能量的執著。

如果你的故事和我的不同（雖然我的故事還沒有結束），這並不重要，因為，切記，我在跟你分享我的故事，而這故事是透過我雙眼的視角觀看、感知、經驗我選擇要關注的事物而來。對我來說，亞特蘭提斯的沉沒為我啟動並讓我經驗到對失落、分離、不夠好和被遺棄的恐懼，啟發我汲取、培養內在力量的需求。我只要控制自己的情緒就能克服恐懼，這意味著讓自己處於中心並扎根大地。我還需要相信自己的內在力量，落實白光天人教導我的課題。人在冥想時很容易保持在愛、真理、信心和信任的空間裡，但在充滿敵意的環境裡，你會徹底受到挑戰。我看到了從自己的反應中流露出來的美，以及來自知曉的神性訊息。

班哲明和我必須留在亞特蘭提斯，以完成靈魂期望的學習經驗，使周圍的每一個人共同創造讓學習得以發生的場景。世間沒有任何形式的失敗，只有成長和更深入的自我理解。

我作為娜拉，得到了白光天人、傑達、班哲明、漢納、阿姆卡、瑪蒂娜、帕洛等許多人的徹底支持。我感謝所有靈魂給我的持續性支持。我成長的課題是要去領悟到，周圍的人都反映了我內在的真理。我有機會在我至親好友身上那些我很欣賞的特質中，啟動、經驗並修習。我是否能達成、修習這個課題並不重要，因為播下的種子會生生不息地成長。

練習三十一：亞特蘭提斯沉沒的意義

在現實生活裡，我們不需要了解環境的意義或目的。接納和釋放是支配注意力的神聖工具，然而，存有的某個面向總是希望了解其中的每個細節。我想要提供你一個了解的空間，讓你的靈魂選擇、掌握並啟發你的心靈——或者任何從神性面上看來很適當的空間。我現在就要跟你分享這個進一步了解的機會。

花點時間平靜地坐著，透過專注於呼吸進入冥想的狀態。大聲說出：

我召喚白光天人靈魂團體的神性智慧、知識和記憶那神聖又充滿愛的意識之源，以帶有純白珍珠光澤的金字塔形式在我頭上顯化。金字塔底部位於我的頂輪裡，塔頂則位於我頂輪上方那包圍靈魂之星脈輪的位置。這象徵著那智慧是我在靈魂的引導、啟發和看管下接收到的。我準備好要接受在我揚昇的此刻，以神性的方式啟發、協助我在靈性進化上的理解。我敞開自己，以輕鬆和完美的態度接納、理解。謝謝祢。

白光天人以白色的光圈將你包圍。我邀請你呼吸時將焦點擺在頂輪。吸氣時，想像金字塔的光和智慧進入你的頂輪。呼氣時，想像、感知或承認能量正擴展到你的頭部、心靈、大腦和思想裡。繼續練習，直到你能感知到一股強化的意識進入覺知。

你也許會想要單純地存在於這種狀態裡，讓白光天人靈魂團體的神性智慧、知識和記憶中那充滿愛的神性意識之源，汲取任何靈感、洞見或引導。這種與靈魂對位的能量，會大幅地啟發你的理解。你的存有與接收智慧的能力都需要信任。為了引導靈感或必要的智慧開花結果，你也許還想要提出以下問題。切記，答案與你個人有關，它們都來自你當前、亞特蘭提斯時期的觀點，並由你的靈魂和白光天人廣闊的知識所引導。

- 亞特蘭提斯的沉沒對我的意義和目的是什麼？
- 亞特蘭提斯的沉沒對人類的意義和目的是什麼？
- 我需要在目前的現實裡完成哪些誕生自亞特蘭提斯的成長循環？

練習三十二：共創療癒

療癒和釋放所有的能量、束縛、印記模式、信念系統和幻相，始終是我跟你交流的目的。去了解資訊和知識是很恰當的，但你必須以療癒和釋放的經驗為更大量的愛騰出空間，這也是我跟你連結的主要意圖。我希望引導你為自己、為當今的人類，以及為當今的亞特蘭提斯社區共同創造療癒。我邀請你容許自己成為白光天人的宇宙療癒振動的工具，為亞特蘭提斯的循環帶來圓滿、療癒，並從你的現代生活裡消除所有亞特蘭提斯留下來的印記。

專注於呼吸，平靜地坐著，讓自己進入一個冥想的空間。大聲說出：

我召喚我的指導靈社群、天使指導靈、大天使麥可的保護，及亞特蘭提斯的天使，現在就以其能量、光、療癒和愛包圍並支持我。我準備好要接收療癒，並在需要的地方促進療癒發生。我完全敞開自己接收、表達療癒。我召喚白光天人那強大、純淨的療癒振動圍繞我，並結合我的指導靈、天使指導靈、大天使麥可的保護，以及亞特蘭提斯天使的振動，傾注於我的頂輪和整個脈輪柱，展現一座進入大地的巨大療癒光塔。讓這些神聖的療癒振動，從我的本心向四面八方展現。我是一座散發療癒之光的光塔。

我此刻的目的是在存有中經驗完整的療癒，輕易又完美地化解、放下所有阻礙我擴展和靈性進化的面向，尤其是與亞特蘭提斯及其沉沒相關的面向。

我此刻的目的是療癒所有現在和過去存在於亞特蘭提斯的靈魂。願他們放下所有的痛苦、苦難、障礙以及不需要的心智、情緒模式和印記，容許完整和絕對的療癒在他們的存有中發生。

我此刻的目的是將至高無上的療癒，傳送給地球上所有存在於亞特蘭提斯，因恐懼、痛苦、苦難或幻相而以負面或限制性的方式，影響著我們當前揚昇過程的靈魂。

讓我的療癒振動帶來的平衡——尤其是在科技與靈魂真相之間——支持大地之母，並在當前現實裡，以正面和充滿愛的方式，完成並消除亞特蘭提斯的目的。謝謝祢。

容許自己以一點時間，想像療癒之光從你的存有流進大地、人類和亞特蘭提斯的所有靈魂。

我，娜拉，希望親自感謝你提供的服務。我們以感恩的心情，接收你影響著所有人揚昇的療癒。請依照你的引導，盡可能地多練習這個程序。

第十六章　真理

我在愛、狂喜和滿足的河流裡漂流，有一種獲得深度支持的感覺。我整個存有都有種充滿活力、煥然一新和愉悅的熟悉感。當我能夠有意識地覺察時，愛的振動便得到強化，並從我的存有中滿溢而出。我的覺知將我帶到一個充滿燦爛白光的空間。一旦我與周圍的環境融為一體時，白光天人就會集結成半透明的白色光環迎接我。祂們碩大的光體輕擺，散發出無比的至樂，完全集中在我身上。我認出了包裹著我的純白密室，是白光天人內在層面進行療癒和整合的密室。我俯視自己的身體，讓我感到驚訝、釋懷的是，我看到的不是娜拉的物理顯化和肉體，反而是白色的半透明光體。認知到自己是白光天人讓我感到自由，並能成為我的真理。

「你回到我們身邊了。我們是一體的，親愛的 OmNa。」祂們集體地向我傳送這個訊息。「重要的是，你要花時間調整。你仍然保留身為娜拉的記憶，因為我們很快就要把你傳送到埃及，再度將你從光體顯化為一個新的、類似你之前的那具肉身。這意味著，對你返回地球這件事來說相當重要的俗世視角仍會保留。你的意識會在你現有的光體中擴展，好讓更宏大的理解流向你。我們已經將你送回內在層面的家，為你在埃及的社區做準備，我們想跟你分享的還有很多。」

「很高興跟你們同在，白光天人。能憶起我的合一以及與你們的完全融合，憶起我的自我和真相，讓我感到無比寬慰。」

我的確很享受以娜拉的身分活在地球的時光。我收集、吸收了很多要跟你們分享的經驗。我的靈魂因為每個地球經驗而處於完全的至樂之中。能在地球上參與自己的生活並創造各種形式的經驗是件很有趣的事。那是個無比的祝福和榮耀。我把所有充滿至樂的想法和感覺傳送給白光天人。

「我們已經與你的光整合而融為一體，並從你的一生中接收到所有合適的資訊。我們深愛著你，並為你在地球上的所有經驗欣喜。」白光天人散發著愛。

我開始想起我以娜拉的身分活在地球上的經驗——我的童年、我的神殿，以及我與白光天人、班哲明和家人交流的記憶。雖然有一種抽離的氣氛，但仍然讓我震驚——奔馳而過的後半生記憶，讓我有種不舒服的感覺。

「OmNa，你要對自己溫柔以待。切記，你仍然與地球連結著。當你完全返回內在層面時，那些關係，包括你與娜拉的關係，並不像一般的情況——被消除。我們希望你與自己的那個面向保持連結。在我們把你傳送到埃及以前，你也許會有同時活在兩個世界裡的感覺。」白光天人懷著無比的溫暖及溫柔的愛，以心電感應向我傳達心念。

「是的，我了解。請跟我分享你想要我知道的一切。我的確希望能以娜拉的身分體現現實那更寬廣的視角。」

我準備好要下載光、意識和啟迪。一道燦爛的白色光源，像股自由的振動進入我的覺知。一個深刻的知曉浮現，我的整個存有也隨之擴展。我容許自己臣服於光，頓時之間，我有了深深扎根的理解，我覺知到的知識似乎始終存在於我的內在，我只是視而不見罷了。我現在明白了娜拉整個存在的更大畫面和神聖計畫。

「有個靈魂想要跟你連結。我們想將你傳送到一個星界的靜修處，其代表了一個空間，表達了造物主的愛與智慧，那是個位於光之靜修處的第二道光束中的合成室。」白光天人將祂們的光拉近，與我的能量合一。

我的覺知將我帶到合成室和一個熟悉的空間。我進入一座花園，裡面長滿了五顏六色又閃耀著生命勢能的花朵和植物。我的感官充滿了色彩、光輝和活力。我坐在那把我最喜歡的水晶凳上，吸納周圍令人屏息的振動。我知道，花園是我的靈魂和合成室的能量共同創造的畫面和投射——很像一個支持我輕易吸收合成振動的工具。白光天人再度圍成一圈並將我包圍，祂們的支持源源不絕地湧向我。

「我們已經將你的振動固定於合成室，開始進行你的轉換和身體整合。你會發覺你的白色光體被身為娜拉的肉體投射出來的光覆蓋了。這是你要進入的新過程，如同你在地球上的每一世都是從誕生為嬰兒開始。這一次，你要在地球上顯化為成年的娜拉，就像憑空出現般。我們正在降低你的能量振動，好讓你能以物質的形式顯化。你在地球和社區存在的最初幾天，會以全像圖（hologram）的形式出現在他們面前，直到你完全讓自己扎根於大地之母之中。你不會孤單地踏上這趟新的旅程。」我的歡呼聲打斷了白光天人的光流。

「OmSe Na！班哲明！」我從座位跳起來，狂喜地喊道。

我發現 OmSe Na 穿過合成室的花園走來。他長得和班哲明一模一樣——高大英俊、棕色及肩的長髮綁在腦後。身上穿了件淡藍和白色的長袍，襯托出他閃閃發光的眼睛。從他的存有中散發出的快樂和喜悅蔓延至我的靈魂深處。合一的振動從我的內在點燃，呼應著我與 OmSe Na 的連結。

「娜拉！OmNa！我神聖的靈魂伴侶！」班哲明以他光體的雙臂摟著我。

他的擁抱讓我有股至樂和滿足感。我認知到這不是因為我已習慣他在地球上的物理臨在和親密感。他在光體中投射出我認識的肉身班哲明形象，為返回地球預做準備。我們的光的合成和融合帶來了愉快和滿足感。我們彼此相擁而坐。我可以感到自己與娜拉的情緒、思想有了更深刻的連結，而白光天人所組成的合成體繼續為我的化身做準備。隨著每一個剎那的流逝，我變得越來越像娜拉，OmSe Na 也越來越像班哲明。

「OmSe Na，班哲明，你有獲得白光天人的啟蒙嗎？」我問道，感覺我們的能量和靈魂交流超越了我的心電感應。

「是的，我已經得到了個人存在的啟蒙。不過，並不包括你的。」他答道。

「我現在領悟到我也經驗了相同的事情。」我喃喃說著，記憶再度浮現，在腦海中一閃而過。合成的運作開始強化，我們能看到、感知到自己和彼此的俗世面向。

「請原諒我離開了，並把你單獨留在神殿裡，娜拉。原諒我沒有在最後關頭陪伴你的肉身，沒有履行我支持和保護你的目的。」班哲明想起自己的經驗，臉上閃過一絲痛苦。

「班哲明，現在說話的是你的人格。你知道我會原諒你。這一切都是以神性的方式計畫好的。我們為彼此創造成長的場景。這是一次很有趣的經驗。」我注意到班哲明內在的光芒隨著我話語中的真理回歸了。「你為什麼躺在地上，胸口插著一把刀？怎麼會發生這種事？」

「啊，沒錯。嗯，我以光塔找到了艾拉。他背對著溪邊一塊岩石蹲著，我走過去，一邊對他大喊。然而，風聲太大，淹沒了我的聲音。我走到他身邊，才明白他陷入了恐懼之中。他被恐懼吞噬了。即使我站在面前，他也沒有回應，我輕輕地拉他的手臂，把他扶了起來。這個舉動將他從恐懼的念頭裡驚醒，讓他覺知到我的臨在。我沒料到他手裡拿著一把刀子。他把刀子插進我的胸膛。刀插的疼痛讓我震驚，我向後倒了下去。娜拉，時間彷彿消失了。我感覺倒在地上好久的時間，胸口的劇痛讓我窒息，我就是在那時喊你的。我突然想起把你一個人留在神殿裡的事，這比刀插更讓我痛苦。」

「娜拉，白光天人來到我身邊，讓我的內心充滿了祥和，我很感激能跟你分享這件事。我有一份深刻的知曉，知道一切都會安好無恙，當然，事實確實如此。」班哲明開心地笑了。

「白光天人怎麼找到你的？」

「就像我在你準備離開亞特蘭提斯後去找你一樣——祂們先與我的靈魂連結，再透過我的靈魂把祂們的能量和意識傳送給我。祂們沒有到現場陪我，因為我們知道祂們在神殿裡，但這次連結比我以前經驗過的連結更強烈。我感覺這會是我們所有人連結、經驗埃及的白光天人的新方式——就個人而言，那是在我們的存有中發生的，因為祂們會透過每一個人傳送祂們的光。那光會消除我們對分離的所有感知。」班哲明樂不可支地解說他的洞見。

「我們的社區呢，居民們都安全地抵達埃及了嗎？」我詢問白光天人，祂們的能量從四面八方向我投射過來。

祂們的集體意識對我們的心念說道：「每個人都被傳送到同一個靜修處好進行更新——汲取光照，並為他們在地球上的新旅程做準備。他們現在一起在地球上建立新的生命。他們知道你們兩位很快就會回到他們身邊。」

「我母親瑪蒂娜呢？他出了什麼事？我們的寶寶呢？他也會在我到埃及以後誕生嗎？」我焦急地想知道他們都安全無恙。

「瑪蒂娜的靈魂希望將肉體死亡的經驗當作他擺脫執著、揚昇的過程。這是他的靈魂在這一世最偉大的目標之一。神殿震落下來的碎片把他壓得粉身碎骨。他是在幾乎沒有痛苦或受苦的情況下，快速地進入內在層面的。他的靈魂決定繼續與社區攜手合作，因此他必須經驗你現在經驗的過程：先把自己顯化為光，再進入一個成年人的形體。」

「至於透過你而誕生的那個神聖靈魂，不會跟你一起回埃及了。他的靈魂想以觀察者身分經驗你在亞特蘭提斯經驗過的一切。以肉身形式投生到亞特蘭提斯從來都不是靈魂的本意。他會在你的來世再度透過你投胎到世間。到時你就會認得他。一切都安好無恙，娜拉。一切事物都在神聖的引導下美好地展開。」白光天人結束了談話。

「謝謝你。我很感激你告訴我這些。我了解——雖然我在肉身結束時經歷過痛苦、沮喪和心碎——這全都是一場學習的遊戲罷了。在它的核心之中時，你會感覺它似乎無比真實，但我現在才真正地承認我從這種經驗中獲得的原來是一份寶藏。我知道母親也會這樣想。」感激之情在我的整個存有中跳動，我感覺自己是造物主情有獨鍾或關愛的人選。

「我也明白這種經驗的回報，然而，我相信有朝一日，我們的意識會在地球上得到提升，靈魂也會透過愛的神奇經驗，而非透過痛苦、苦難而成長。娜拉，我真的有覺醒的感覺。我感覺我能以源頭的寶貴智慧給予我的知識回答你問的任何問題。」班哲明說完笑了，他知道自己說的是實話。

「我仍然能感受到娜拉經歷過的痛苦，」我坦誠地告訴 OmSe Na，「他為了沒能如願地保護社區而感到內疚，也對白光天人欺騙社區，造成亞特蘭提斯沉沒與失去你的痛苦而心懷憎怨，班哲明。我能強烈地感受到他的孤獨。」

「OmNa，我知道我的人格裡也有類似的能量，班哲明。等我們回到地球以後，會將深層的療癒和理解帶給娜拉和班哲明的人格。這種療癒只能在物質層面進行，這是因為他們的存有是誕生於那樣的理解層面。我們會自我療癒。」班哲明以溫柔的語氣保證。

「我們的聖地亞特蘭提斯呢？那裡到底發生了什麼事？」我再度向白光天人提問。

我需要釐清這個疑問，以便返回地球時將這樣的理解傳達給我的社區。

「亞特蘭提斯已經沉沒，它支離破碎的土地淹沒在海水裡了。這種情況影響了整個地球。我們真的受到了祝福，因為許多星際文明都帶著他們的能量、光、意識和科技挺身而出，想恢復、拯救地球免於徹底毀滅的命運。亞特蘭提斯已經不復存在，現在變成了地球南極的核心。星際文明恢復地球的文明後，地球進入了一連幾天的黑暗期。無以計數的人因此拋下塵世現實和肉身而死。地球磁極的轉移將倖存者的記憶完全抹除。除非他們的靈魂選擇與他們交談，並提醒他們，否則他們不會再記得這段時期。黑暗期結束後，太陽再度返回，一種新的意識已播種於地球人的心裡。磁極轉移時，你們社區的居民被安置在一個地球與內在層面的過渡階段，因此他們仍保有原來的記憶。」

「當時支持地球的星際文明是哪些？」班哲明繼續追問。

「仙女座人對地球的存亡，以及抑制許多可能引發的破壞性反應，扮演了重要的角色。」白光天人答道。這是祂們唯一能分享的資訊。

「太好了！」班哲明懷著敬畏倒吸一口氣，對白光天人的答案很滿意。

「地球呢？」我渴望獲得更多資訊和進一步的理解。

「地球在次元中陷落，集體的振動也變慢了。人類也許需要經歷好幾個文明、好幾個世代，才能讓地球回到你們習以為常的，那與你們的靈魂更為對位的快速振動。」

「如你所知，能量的渦流變小了。你經歷過颶風，當然還有把亞特蘭提斯完全淹沒的海嘯。OmNa，海嘯就在 OmSe Na 鼓勵你離開肉身，回歸內在層面以後發生了。我們跟你分享過一個心咒：『愛如海洋，席捲亞特蘭提斯與居民。造物主的愛是我們當前的現實。所有的痛苦、苦難和錯位都會被永遠地抹除。』我們知道亞特蘭提斯無法倖存。要拯救地球，就需要終結亞特蘭提斯。這樣的創造也需要地球人提出請求，比如由你的社區提出。這就是我們把這個心咒分享給你的原因。你的靈魂已經同意了，我們沒有騙你。我們也鼓勵你拜訪亞特蘭提斯中部，在男女大祭司沒有覺察的情況下，把心咒嵌入他們的意識裡，像你們一樣進行相同的創造。我們一起為地球和人類未來的揚昇而創造，這的確是一種出於愛的行為。愛引發的轉變和新的開始往往會創造出混亂。」

「亞特蘭提斯的目的實現了嗎？」班哲明搶先一步提出了我的問題。

「亞特蘭提斯和其文明之所以要創造，其目的是為了要透過探索內在靈性和外在旅程，體驗造物主陰陽振動的平衡，從而導致探索、新的理解和平衡。隨著機器開始支持物理現實和靈性的進化以來，內在的靈性之旅便失落了，對許多人來說，那已經變得不重要了。人類被要求在物理世界中成為他們靈性的本我，並與科技保持平衡，也就是說，從本我內在的真理空間運用科技，而不是讓科技引導本我而遠離真理。然而，這似乎只會導致破壞而無以為繼。我們需要引發造物主的神聖旨意，再次創造平衡。

「亞特蘭提斯是一場實驗，它曾經將充滿意義的洞見和知識提供給人類，我們必須終結破壞，才能容許新的開始發生。地球會來到一個時間點，屆時亞特蘭提斯人會在返回地球的同時，完成亞特蘭提斯的目的。地球人容許自己的存在，也鼓勵他人以神聖的本我身分，存在於物理現實中，與機器、科技和內在靈性的探索和諧相處，從而透過每個靈魂顯化造物主和人間天堂。」

「現在是你們，OmNa 和 OmSe Na，回到地球，回到你們的社區，回到你們新現實裡的時候了。我們會繼續與你們同在，永遠在旅程上與你們同行。」白光天人親切的分享到此結束。

我們的覺知穿越光的次元，將我們的意識下載到物質裡的同時，周圍的環境也變模糊了。

興奮和純粹的喜悅是我唯一的感覺。「我迫不及待地想跟你一起展開另一段旅程，班哲明和白光天人！」

娜拉的叮嚀

我們抵達埃及時受到社區和家人的歡迎。我們的重聚充滿了感恩、幸福和驚奇的氣氛。雖然我還是同一個靈魂，也置身於和先前一樣的身體裡，但我知道我會有所不同。我靈魂的新面向為了協助我的旅程，已經固定於我埃及的現世裡了。我在亞特蘭提斯的經驗也改變了我。我之所以要與你分享這些，是為了支持你明白我們多生多世以來都是一樣的，然而，也因為我們會根據這一世的需要來傳導靈魂的不同面向，我們也會是多樣又有所差異的。你透過分享我在亞特蘭提斯的生活經驗和記憶，也在支持我的成長和自我探索，並促進我靈性發展的成熟度。單純地透過與你分享，讓我收集了足以回饋給宇宙和靈魂團體的知識。當你分享在地球上的真理時，你就會穿越許多收集、接觸自我和真理的更新過程。

我與你分享的只是我在亞特蘭提斯那一生經驗的一小部分，包括令人驚嘆的人物和收集到的洞見。我以一個亞特蘭提斯人的身分，回到地球跟你分享的真理、睿智的意識、鑰匙和工具，只限於足以啟發你的必要資訊。

你要驕傲地挺立在地球上，要知道有一股強大的光之勢能，以轉化你和世界的力量支持你完成亞特蘭提斯最初的目的和使命。班哲明、我、白光天人、亞特蘭提斯的天使、揚昇大師和大天使都會支持你。我，娜拉，簽訂了一份契約，承諾要繼續支持你靈性的進化和揚昇。我是以能量的方式從內在層面，並透過靈魂目前的娜塔莉化身，才達到這個成就的。他（娜塔莉）以形體寫的這本書，會為我和你的靈魂帶來完整的循環。

你永遠不會再踽踽獨行了。你是你的靈魂，並與萬物連結──你在世是為了將和平、愛、和諧與平衡帶到地球；是為了強化你與所有人和造物主連結、對位。你極受到鍾愛和珍惜。只要你願意從存有的內在聆聽和接納，就會始終並持續得到引導。這裡就是亞特蘭提斯的回歸處，亞特蘭提斯的破曉也要透過你來完成。

我想跟你分享的最後一個練習，會在你邁向靈性進化的下一階段賦予你力量。很榮幸有這個機會能跟你分享。

練習三十三：賦能

你也許會想要大聲地召喚。接著，單純地坐著，深呼吸，接受從你上方、身上傾瀉而下，以及內在點燃的祝福。

我召喚亞特蘭提斯所有充滿愛的神聖能量流經我的存有。我選擇接收來自亞特蘭提斯那與我目前的揚昇有關的神聖意識、療癒、聲音頻率、智慧、水晶振動和覺醒之密碼。願亞特蘭提斯的能量賦予我力量、平衡、療癒、喚醒、活力、啟發、鼓舞，並為我的存有、人類和地球帶來更大的和平。

我準備好要接受真實的自己了。我準備好要成為我的真理了。我準備好要分享我的真理了。我是我所是（I am who I am）；我是造物主的真理。我目前的臨在是為了要實現我生命中的每一刻。願我神聖的亞特蘭提斯連結、根源、能力和愛，永遠與我同行，給我正面的激勵，並為我在地球上的揚昇賦能。謹此。

獻上我所有的愛與支持。

娜拉

名詞解釋——

．**天使**（angel）：由造物主的真心和愛的能量所創造的光之存有。天使扮演著造物主與人類之間的信使，祂們擁有造物主所有可供人類吸收和體現的愛的特質。我們可以召喚天使協助我們在現實生活和靈性方面的成長，因為祂們會讓我們與造物主的核心和重要能量對位。

．**大天使**（archangel）：擁有與天使相同目的的存有，但也負責監督天使王國或社區裡的工作和目的。我們可以把大天使看成負責人類吸收、體現造物主重要能量和特質的領導者和首要持有者。當我們提出請求並允許祂們，祂們就會是一座愛的發電廠，以神聖的方式干預我們的現實生活。

．**大天使麥可**（Archangel Michael）：大天使麥可是所有保護天使的監督者，祂支持造物主神聖旨意的顯化，同時也扮演偉大的保護之源，人們可在日常生活中隨時召喚。

．**揚昇大師**（ascended master）：存在於地球，且已體悟自己就是真理和造物主的靈魂。揚昇大師受過訓練，在情緒、思想和能量體之間取得了平衡，能夠與造物主和「萬有皆是造物主」和諧、和平地共存。揚昇大師擁有龐大的知識，並扮演人類在靈性層面的指導靈。隨著當前發生的變化，更多揚昇大師都為了協助人類靈性的成長，而選擇延遲祂們揚昇的時機。

‧**揚昇**（ascension）：體悟自我、靈魂造物主的過程。一個人的成長期就是當他專注於與造物主的靈魂對位，並成為造物主的時刻。揚昇是一段進化之旅，它從個人覺醒的那一刻開始，一直到個人與造物主完全對位那一刻。

‧**靜修處**（ashram）：在地球或內在層面建立的神聖空間，讓人們在其中與神性能量對位，並學習或練習有助於成長的特定教義。

‧**氣場**（aura/auric field）：從肉體和脈輪延伸而出的許多能量體，會在個人周圍形成巨大的光，展現個人的意識、思想和情緒，也保留著個人的知識和智慧。氣場比肉體更能展現個人的真理和靈魂。

‧**白光天人**（Celestial White Beings）：存在於十四次元和更高次元的靈魂團體。祂們為了協助人類的揚昇而支持地球的創造。祂們以無名無相的純白之光形式存在，但也會為了幫助我們接納祂們而以不同形式出現。雖然祂們會化現為許多存有，但實際上卻是一種光的源頭。

‧**脈輪**（chakras）：身體和能量體中維持、吸收造物主之光的能量點、輪狀物或漩渦。它們藉由確保全身不斷流動的生命能量之流，維持我們靈性和身體層面的完美健康和安在。由下至上的脈輪排列如下：腳下的大地之星脈輪、脊柱底部的根／海底輪、腰下部的本我／臍輪、腰上部的太陽神經叢，胸部中心的心輪、喉嚨部位的喉輪、眉心處的第三眼、頭顱頂部的頂輪，以及頭頂上方的靈魂之星脈輪。

- **氣脈**（channel）：氣脈可以被視為一個內建在頂輪，一直延伸到天空的隱形管子。氣脈是由光構成的，它能讓光、能量和智慧進入人類的心靈、身體和現實裡。
- **意識**（consciousness）：通常會與造物主對位的一種覺察、感知、了解、體悟、知識和正面臨在的狀態。
- **造物主**（Creator）：上帝、源頭、宇宙或神性的許多名號之一。
- **水晶存有／王國**（crystalline being/kingdom）：在地球上發現的物理晶體，它們的塵世形式中含有從內在層面產生的靈體或能量。來自水晶王國的水晶存有，是存在於地球之外的靈魂和意識。身體從水晶接收到的振動會帶來巨大的淨化、振奮和支持效果。
- **水晶頌缽**（crystal singing bowls）：水晶製成的缽形樂器。水晶頌缽會散發與脈輪的聲音對位的療癒頻率。這種聲音會穿透身體的細胞，讓所有的細胞對位、平衡，並帶來活力、療癒和高度的靈性覺知狀態。
- **小我／我執**（ego）：本我在幻相裡創造而出並相信幻相的那個面向。小我的正面目的是保護，但當它被賦予過多權力時，就會產生限制性的幻覺，例如恐懼、懷疑、不信任、焦慮，以及與造物主的分離感。

．**自然精靈**（elementals）：存在於不可見層面的精靈和靈魂，祂們奉獻其能量和目的，關心並為地球、自然王國和大地之母提供滋養。

．**次元**（dimensions）：揚昇大師、天使和所有光之存有存在的空間。次元也稱為內在層面、天堂或地球以外不可見的能量層面。

．**神性關係**（divine relationship）：靈魂之間的連結關係，在這個關係裡的每一個人，都會在自己和他人的內在認知到造物主的真理，並透過這樣的理解與他人分享、互動。神性關係可以強化雙方的揚昇，因為雙方都專注於透過互動來合成他們與造物主的能量。

．**精靈**（fairies）：將能量和目標投入與自然和動物王國的合作，並讓造物主的能量固定、綻放和繁榮的靈魂。精靈是純粹又充滿愛的存有，祂們擁有與大地之母一體共存的古老知識。與大地之母密切合作的人，經常會得到精靈的引導。

．**女神**（goddess）：保有造物主陰性、養育和創造性特質、能量和智慧的光之存有。

．**指導靈**（guides）：大多數情況下，指導靈是指那些在看不見的層面幫助、支持或鼓舞我們靈性成長的存有。我們各有一個特殊的指導靈群體，祂們圍繞著我們，在日常生活的現實中幫助我們，尤其是當我們允許祂們這麼做時。這些指導靈通常與我們的過去有強烈的連結，或是對我們的成長相當重要的存有。

．**療癒**（healing）：恢復身體、心理、情緒和精神面向的平衡、安在和快樂的過程。我們會透過療癒經驗與造物主進行深化的共振，以反映神聖的源頭。

- **內在層面**（inner planes）：這些能量層面不為肉眼所見，且超越了地球的物理和沉重振動。這些層面是造物主的次元或天堂，也是揚昇大師、天使和所有光之存有所在的空間。
- **啟蒙**（initiations）：促進覺醒、接納真實本我以及加速光之化身的循環、過程、旅程或修煉。
- **直覺**（intuition）：內在的本能、洞見和知曉的感覺，直覺是一盞引導道途的明燈。每個人都有運用直覺的能力。追隨直覺就是追隨靈魂和造物主的智慧。
- **庫圖彌大師**（Kuthumi Master）：在地球上度過多世的揚昇大師，例如聖方濟各亞西西（Saint Frances of Assisi）和畢達哥拉斯（Pythagoras），都是與大師薩南達（Master Sananda，耶穌）一起存在於內在層面的世間導師。在其接受人類靈性教育監督者的角色以前，庫圖彌大師是負責監督愛與智慧的第二道光。
- **生命能量**（life force energy）：造物主的能量和創造物的振動流。它將生命、滋養和供養給予所有形式的顯化。
- **光之存有**（lightbeing）：持有並散發造物主之光的靈魂、人、本質或能量。
- **光體**（lightbody）：神聖的光之網格，透過靈性發展而從氣場中被喚醒，以幫助人類揚昇。

當你從物質存在進化，以及在睡眠狀態下前往內在層面的靜修處時，它就是收容你靈魂的屋宅。

・**光語**（light language）：內在層面、天堂、揚昇大師、大天使和天使用來作為語言和溝通用的振動之光。

・**顯化**（manifestation）：為了經驗個人的需求和欲望而投射到現實裡的心念和情緒。

・**心咒**（mantra）：為了引發整個存有的專注、平靜、療癒與和諧，而在口頭或心裡重複的文字或聲音。心咒也是一種肯定語，聲明個人已擁有的事物或希望成為的人，因而把正面、帶來滿足感的經驗投射到現實生活裡。

・**冥想**（meditation）：一種鼓勵自己與內在的平靜、和諧能量連結的修煉。冥想會消除所有的念頭，讓冥想者單純地存在於當下，觀照自己和能量。冥想能訓練心靈，並創造一種喚醒感官的寂定，從而創造或發展新的靈性連結。

・**麥基洗德**（Melchizedek）：內在層面的意識和源頭，監督造物主次元的宇宙層面。麥基洗德修會的門徒要學習、維持並引發這個源頭的智慧和知識。麥基洗德是光、智慧和療癒的偉大基礎，任何人都可以尋求其支持和指導。

・**梅爾卡巴**（merkabah）：位於身體周圍那鮮活的光之載體或電磁場，如同3D幾何網路，啟動後能旅行或轉移到不同的現實面向和光之次元。每個人都有自己的梅爾卡巴，它可以被啟動，並保留寶貴的智慧。

- **大地之母**（Mother Earth）：地球和自然王國的神聖陰性本質和精神。
- **入口**（portal）：連接世界或現實，使能量和光波流動的開口、入口或門戶。
- **靈魂**（soul）：存有的本質和真理。靈魂是從你的靈魂團體延伸而出的面向、能量、光、愛和知識，也就是造物主靈魂的延伸。靈魂就是你的造物主臨在的代表。
- **靈魂團體**（soul group）：從造物主的光和意識的原始延伸中創造而出的十二個延伸，並被稱為靈魂。你的靈魂是你靈魂團體的十二個延伸之一。你的靈魂還有十二個延伸，而你在地球上的顯化就是其中之一。靈魂的延伸存在於地球或內在層面。
- **靈魂之音**（soul sounding）：你的聲音或樂器所表達出來的聲音振動，會跟你的靈魂本質對位、共鳴，或將你的靈魂本質帶入物質現實。
- **靈魂符號**（soul symbol）：用來描述、協助連結，或與靈魂的能量、目的、光或智慧共振的符號。靈魂符號可以作為靈魂的表徵，也經常用於冥想。
- **靈體**（spirit）：一個經常用來描繪靈魂或本質的字眼。靈體也可以用來描述一個沒有肉身的人。靈體是人的神聖意志、決心、直覺、創造力和力量——本質上，它是個人全部能量的集合體。
- **心電感應**（telepathic communication）：不使用言語、書寫或一般的訊號溝通或接收文字、思想和感覺的能力。

．**樹靈**（tree spirit）：寄居並保護樹木的靈魂、本質或意識。

．**獨角獸**（unicorn）：與天使王國具有相同能量振動的原始光。經常被人們視為已揚昇的馬。獨角獸擁有協助、教導顯化，以及在現實中創造奇蹟的強大能力。祂們是擁有純淨能量的強大治療師。

作者簡介——

娜塔莉・西安・葛拉森（Natalie Sian Glasson）是通靈傳訊者、作家、工作坊主持人、靈性導師與「OmNa 神聖學校」的創辦人。他擔任通靈傳訊的角色已有十多年，終身奉獻於協助人們喚醒造物主之光。娜塔莉能與無數揚昇大師、大天使、天使、精靈、女神和星際存有的意識連結。他分享新的智慧和覺醒，協助身體內的神性能量浮現，進而支持真愛時代的顯化。

娜塔莉以他強大的通靈傳訊能力聞名，造物主的愛和內在至樂的顯化是他溝通的核心。娜塔莉的靈魂是從白光天人延伸而來，目前是祂們能量和意識在地球上的代表人。

娜塔莉的第一本書《十二道光芒：光芒與靈性進階指南》（Twelve Rays of Light: A Guide to the Rays of Light and the Spiritual Hierarchy）於二〇一〇年在英國出版後，被譯成立陶宛語。娜塔莉在倫敦、格拉斯頓伯里、愛爾蘭、威爾斯和立陶宛等地舉辦通靈傳訊工作坊。他也透過 OmNa 神聖學校，每週分享免費的通靈傳訊訊息、冥想下載、網路研討會等，以及許多激發個人探索和揚昇的內容。

娜塔莉在多世以前的亞特蘭提斯時代，就簽訂了一份服務契約。他目前仍然繼續協助人們固定於身體中那取自宇宙的神聖能量，例如對靈性發展有關鍵作用的光、愛和意識。他的業餘時間專注於靈性覺醒、水晶頌缽演奏、繪畫和拙火瑜伽。娜塔莉生長於威爾斯，目前定居倫敦。更多與他個人和工作的相關訊息，歡迎造訪 www. OmNa. org。

Note

Note

Note

Note

Note

Note

郵　票
黏貼處

11167
台北市士林區承德路四段234號8樓
生命潛能文化事業有限公司

感謝所有支持及關心生命潛能的廣大讀者群，即日起，
掃描生命潛能官方LINE@ QR Code，您將能獲得：

◆官網專屬購物金
◆當月出版新書資訊
◆不定期享有獲得活動特殊好禮機會
◆新舊書優惠特價資訊
◆最新活動及工作坊開課資訊

Scan me

生命潛能出版社　讀者回函卡

姓名：＿＿＿＿＿＿＿＿＿＿ 性別：□男　□女　年齡：＿＿＿

電話（含手機）：＿＿＿＿＿＿＿＿＿＿＿＿＿＿

E-mail：＿＿＿＿＿＿＿＿＿＿＿＿＿＿＿＿

購買書名：亞特蘭提斯的白色光塔

購買方式：□書店 □網路 □劃撥 □直接來公司門市 □活動現場 □贈送 □其他 ＿＿＿＿＿

何處得知本書訊息：□逛書店 □網路 □報章雜誌 □廣播電視 □讀書會 □他人推廣 □圖書館 □演講、活動 □書訊 □其他 ＿＿＿＿＿

購書原因：□主題 □作者 □書名 □封面吸引人 □書籍文案 □價格 □促銷活動

感興趣的身心靈主題：□天使系列 □高靈/靈魂系列 □塔羅牌/占卜卡 □心理諮商 □身體保健 □身體保健 □兩性互動 □親子教養 □水晶系列 □冥想/瑜珈

對此書的意見：

期望我們出版的主題或系列：

【聆聽您的聲音　讓我們更臻完美】

謝謝您購買本書。對於本書或其他生命潛能的出版品項，若您有任何建議與感想，歡迎您將上方的「讀者回函卡」（需黏貼郵票）或掃描線上版的讀者回函表，填妥後寄出，讓我們更能了解您的意見，作為出版與修正的參考。非常感謝您！

Scan me

線上版讀者回函表

心靈成長系列 240

亞特蘭提斯的白色光塔

原著書名 | White Beacons OF Atlantis
作　　者 | 娜塔莉・西安・葛拉森（Natalie Sian Glasson）
譯　　者 | 周家麒
發 行 人 | 王牧絃
總　　監 | 王牧絃
執行編輯 | 林德偉
封面設計 | Scott Wang
內頁設計 | 陳柏宏
出版發行 | 生命潛能文化事業有限公司
聯絡地址 | 台北市士林區承德路四段 234 號 8 樓
聯絡電話 | (02) 2883-3989
傳　　真 | (02) 2883-6869
E-MAIL | tgblife66@gmail.com
網　　址 | http://www.tgblife.com.tw

購書八五折，未滿 1500 元郵資 80 元，購書滿 1500 元以上免郵資

內文編排 | 陳柏宏
印　　刷 | 采硯造藝印刷有限公司・電話 | (02) 2223-1939
法律顧問 | 大壯法律事務所 賴佩霞律師
版　　次 | 2022 年 8 月 5 日 初版
定　　價 | 450 元

ISBN：978-626-96218-0-4（平裝）
White Beacons OF Atlantis
by Natalie Sian Glasson

國家圖書館出版品預行編目（CIP）資料

亞特蘭提斯的白色光塔 / 娜塔莉 . 西安 . 葛拉森 (Natalie Sian Glasson) 著 ; 周家麒譯 . -- 初版 . -- 臺北市 : 生命潛能文化事業有限公司 , 2022.08
面 ;　公分 . --（心靈成長系列 ; 240）
譯自 : White beacons of Atlantis
ISBN 978-626-96218-0-4（平裝）

1.CST: 心靈學 2.CST: 靈修
175.9　　111010663